부부, 사랑을 배우다

The Love Dare
by Stephen Kendrick and Alex Kendrick

Copyright © 2008, 2013 by Stephen Kendrick and Alex Kendrick
All rights reserved.
Published by B&H Publishing Group

Korean translation copyright © 2016 by Togijangi Publishing House
2F, 71-1 Donggyo-ro, Mapogu, Seoul 04018, Korea

This Korean edition is published by the permission of B&H Publishing Group(Nashville, Tennessee USA) through the arrangement of Mosaic Rights Management

본 저작물의 한국어판 저작권은 Mosaic Rights Management를 통해 B&H Publishing Group과의 독점계약으로 한국어 판권을 '도서출판 토기장이'가 소유합니다. 저작권법에 의하여 한국 내에서 보호를 받는 저작물이므로 무단 복제를 금합니다.

특별한 표기가 없는 모든 성경 구절은 개역개정성경을 인용한 것입니다.

부부, 사랑을 배우다

알렉스 켄드릭 • 스티븐 켄드릭 지음 | 이지혜 옮김

토기장이

이 책의 활용법
- 40일간 하루에 한 장씩 부부가 함께 읽으며 묵상한다.
- 내용을 나눈 후에 그날의 수업이 제시하는 과제를 실천한다.
- 과제를 실천할 수 있도록 부부가 서로 격려한다.

이 40일간의 여정을 결코 가볍게 보지 마십시오.
쉽지 않은, 때로는 힘에 벅찬 과정이지만,
매우 만족스러운 시간이 될 것입니다.
이 수업을 받기 위해서는 대단한 각오와 끈질긴 의지력이 필요합니다.
내용을 일부만 훑어본다거나, 중간에 그만두는 독자들은
이 책의 유익을 온전히 누리지 못할 것입니다.
하지만 40일간 매일 꾸준히 읽고 실천한다면,
그 결과는 당신의 결혼 생활과 인생을 완전히 뒤바꾸어 놓을지도 모릅니다.
이 여정을, 당신보다 먼저 이 길을 간 사람들이 주는 도전으로 여기십시오.

추천의 글

"그렇게 두 남녀 주인공은 결혼해서 오래오래 행복하게 살았답니다."
대부분의 커플은 동화 속 해피엔딩처럼 달콤한 로맨스가 끝없이 펼쳐질 결혼 생활을 기대합니다. 그러나 멜로인 줄만 알았던 장르가 실은 다큐였다는 것을 인지하는 순간, 당혹감이 몰려오고 결혼은 현실이 됩니다.
신혼 초 달달했던 부부 사이가 냉랭해지고, 죽고 못 살던 잉꼬부부가 이혼에 이르게 되는 것은 어쩌면 단순히 성격이 안 맞아서가 아니라, 우리가 배우자를 사랑하는 법을 제대로 배우거나 훈련받지 못했기 때문일 수 있습니다. 아니, 어쩌면 우리에게 그런 배움의 기회가 없었던 것인지도 모르겠습니다. 그런 의미에서 이미 현장에서 수많은 검증을 거치며 위기의 부부를 살리고 회복시킨 결혼 생활 지침서가 토기장이에서 출간됨을 기쁘게 생각합니다.
이 책은 간결하면서 명료하고 성경적이면서 실제적입니다. 그리고 탁월합니다! 영화 "파이어프루프" 속 주인공과 같은 위기의 부부뿐만 아니라, 지금 누리는 행복이 지속되길 원하는 부부들, 그리고 동화 속 해피엔딩을 꿈꾸는 예비부부들에게 강력히 추천합니다.

고은식, 정혜민 목사 부부
고은식 브리지임팩트 대표 | 정혜민 청소년·청년 성교육 강사, CTS 라디오 정혜민의 비빔톡 진행

부부의 만남을 한마디로 이야기 한다면 '개와 고양이의 만남'이라고 할 수 있을 것입니다. 개와 고양이는 언제나 으르렁대고 싸움을 합니다. 단지 서로의 신호(sign)가 다르기 때문입니다. 개가 고양이와 소통하기 위해서는 자신의 신호를 고양이에게 맞춰야 합니다. 이는 고양이 편에서도 마찬가지입니다.
이 책에는 오래 같이 산 부부에게도, 함께한 지 얼마 안 된 부부에게도 유

익한 내용이 가득 담겨 있습니다. 아무 지식이 없는 상태에서의 결혼 생활은 불행한 결과를 낳을 뿐입니다. 이 책은 부부가 서로를 알아가고 함께 살아가기 위한 지침을 40일 동안 하나씩 실천해 가는 '부부수업'이라고 할 수 있습니다.

아무에게도 말하지 못하는 부부 관계의 갈등이 있습니까? 믿지 않는 배우자와의 문제가 날로 심각해지고 있지는 않습니까? 단 한마디만 말하고 싶습니다. "결혼이 당신의 선택이었다면, 이후의 결혼 생활 역시 당신의 책임입니다!" 하나님이 여러분을 위해 마련해 주신 아름다운 부부의 정원을 하나님의 말씀으로, 하나님의 사랑으로 잘 가꾸며 회복시키는 데 이 책이 효과적으로 사용되리라 확신합니다.

김병삼 목사 만나교회 담임, 「치열한 도전」 저자

「부부, 사랑을 배우다」 책이 출간되어 무척이나 기쁘고 감사합니다. 가정 사역을 하고 있는 저희 부부는 부부모임이나 세미나에서 영화 "파이어프루프"를 참석자들에게 보여 줍니다. 이기적인 부부가 40일 동안 배우자에게 성경적 지침의 행동을 보여 주고, 그 가운데 회복되고 변화되는 내용은 모든 부부에게 감동과 회복의 갈망을 안겨 주었습니다. 이 내용이 책으로 나오면 좋겠다고 몇 년 전부터 생각했는데, 토기장이 출판사에서 출간해 주어서 얼마나 기쁜지 모릅니다. 저희 부부는 앞으로 이 책을 부부 세미나와 소그룹 모임에서 적극 추천하고 활용하려고 합니다.

사랑해서 결혼했지만, 살아가면서 하나님이 계획하신 '하나 됨'을 향해 나가기보다 고립과 단절로 나가는 부부가 너무 많습니다. 성경말씀을 기초로 한 이 책의 내용은 그들이 회복하고 성장하는 데 큰 도움이 될 것입니다.

우리 힘으로는 온전하게 배우자를 수용하고 사랑할 수 없습니다. 하나님의 무조건적인 사랑을 경험하고 그 사랑을 의지할 때, 배우자를 더 깊이 사랑할 수 있습니다. 이 책에는 하나님의 사랑을 따라 배우자를 사랑하기로 결단하고 행동하도록 돕는 구체적인 행동지침이 담겨 있습니다. 그 내용을 따르다 보면, 부부 관계를 다시금 하나님의 사랑의 언약 안에서 세워갈 수 있을 것입니다. 용기 내어 먼저 사랑하는 배우자가 되십시오. 상대방에게 바라기보다, 나의 변화가 상대에게 영향을 미칠 수 있도록 먼저 성장해 가십시오. 이 책을 통해 불완전한 두 사람이 하나님의 사랑으로 서로를 보듬어 완전하신 그분께 나아가게 되기를 기도합니다.

김숙경 소장 김숙경 사랑 연구소, 가정사역자, 「사랑에 다가서다」 저자

우리는 어린 시절을 거치면서, 우리를 대하던 부모의 태도를 무의식적으로 몸에 익히게 됩니다. 그렇게 익힌 생각하는 방식과 살아가는 방식들은 지금도 우리의 삶 가운데 살아 있으며, 때로 삶의 걸림돌이 되기도 합니다. 교육학자들은 현재의 모든 언행은 과거에 학습된 결과(learned behaviour)라고 말합니다. 새로운 삶을 원하십니까? 부부 관계를 새롭게 하고 싶습니까? 풍요로운 가정, 행복한 가족 관계를 만들고 싶습니까? 그렇다면 새롭게 학습(re-learning)해야 합니다.

이 책은 모든 그리스도인이 말씀 안에서 부부 관계를 회복할 수 있도록 안내하는 가이드북입니다. 전문적인 이론서가 아니라, 부부가 삶에 직접 적용하고 변화를 맛볼 수 있는 실제적인 책입니다. 가족 내 갈등의 원인을 파악하고, 서로의 차이점을 이해하며, 건강하게 성장하기 원하는 부부들에게, 그리고 성경적인 가정을 세우기 위해 애쓰는 사역자와 리더들에게, 지난

25년간 건강하고 행복한 가정을 위해 헌신해 온 한 사람으로서 이 책을 적극 추천합니다.

김온양 대표 아하가족성장연구소, 아하코칭센터

부부세미나에 참석한 부부들에게 물어보았습니다. "결혼은 ☐다!" 다들 우물쭈물하고 있는 사이 엄마를 따라 나선 아이가 소리쳤습니다. "사랑은 네모다!" 순간 모두 웃음이 빵 터졌습니다. 맞습니다. 세모와 세모가 만납니다. 로맨스가 찾아옵니다. 웨딩마치를 올립니다. 그렇게 해서 네모가 됩니다. 허니문이 지납니다. 네모가 된 그들은 종종 세모로 돌아가고 싶은 유혹을 받습니다. 그러다 결심합니다. "우리 더 이상 네모로 살지 말고 ☐로 살자." 이번에는 어른들이 주저하지 않고 대답합니다. "세모!" '네모'로 살아가야 할 그들이 '세모'로 돌아서는 것을 '이혼'(離婚)이라고 부릅니다. 과연 이혼만이 답일까요? 'Re婚'도 있습니다. 둘은 결심합니다. "우리 네모로 살지 말고 별(★)이 되자!"
스티븐 켄드릭과 알렉스 켄드릭의 「부부, 사랑을 배우다」는 'Re婚'을 사는 40가지 주제를 다룹니다. 다시 증보개정된 이 책은 참 사랑에 눈뜨게 합니다. "사랑하는 것보다 더 중요한 예술은 없다"라고 한 빈세트 반 고흐의 말이 귓가에 맴돕니다. 이제 우리 모두 예술가가 되어 봅시다. 40일의 여정을 다 마치기도 전에 우리는 이렇게 말할 것입니다. "배우자(配偶者)란?" "배우자!" 그렇습니다. 우리는 배워야 합니다.

송길원 목사 가족생태학자, (사)하이패밀리 대표 가정사역부를 담당하며 다양한 가족의 구성원을 만났습니다. 결혼을 준비하는 청년, 결혼 생활 중인 부부, 가정에서 소외된 아버지, 자녀의 배우자와 좋은 관계를 맺고 싶은 시어머니와 장모님…. 그러면서 확신하게 된 생각은 "사랑은 배우는 것이다"라는 사실입니다. 세미나에 오신 분 중에 "우리는 사랑하지 않습니다"라고 말하는 분은 없었습니다. 오히려 배우자를 사랑하는데 상대방이 몰라준다고 말씀하시는 분이 많았습니다. 저는 그분들이 거짓말을 한 것은 아니라고 확신합니다. 서로 사랑하지만, 사랑을 표현하는 방법을 배우지 못해서 상대의 사랑을 느낄 수 없는 것입니다. 그러니 얼마나 억울합니까?

이 책은 사랑의 마음을 배우자에게 전달하는 방법을 알려 줍니다. 40일간의 배움과 실천은 여러분 자신과 배우자에게 매우 큰 도전이 될 것입니다. 여러분의 결심을 흔드는 상황도 있을 것입니다. 그때마다 하나님이 우리를 사랑하시기로 작정하신 것을 기억하십시오. 하나님의 사랑은 의지적인 사랑이었습니다. 먼저 사랑하기로 하신 사랑입니다. 하나님이 본을 보여 주셨습니다. 그 사랑을 받은 우리이기에 배우자에게도 같은 사랑을 실천할 수 있습니다. 40일간 이어질 사랑의 여정을 응원합니다. 그 열매는 여러분이 생각하는 것보다 훨씬 아름다울 것입니다.

윤지영 목사 분당우리교회 가정사역부 담당

이 책은 미국에서 시작하여 세계적인 베스트셀러가 된 부부 관계 회복서입니다. 첫 인상은 책 내용이 어렵지 않다는 것이었습니다. 성경에서 정의하는 사랑에 기초하여, 40일간 실천하면 됩니다. 누구나 도전해 볼 만합니다. 그런데 이 어렵지 않은 책이 강력한 힘을 발휘합니다. 수많은 위기의 부부를 건져내고, 수많은 권태기의 부부를 살려냅니다. 왜일까요? 오늘날 사랑만큼 쉽게 이야기하면서도 사랑만큼 어렵게 살아내는 것이 없기 때문입니다. 누구나 사랑을 이야기하지만 아무도 사랑에는 자신이 없습니다. 저자는 그 점을 간파했습니다. 각 장마다 사랑에 대한 명쾌하면서도 울림이 있는 정의를 내립니다. 그리고 그것을 실천에 옮길 수 있도록 구체적으로 안내합니다. 그렇게 40일이 쌓이면 확실한 자세 교정이 이루어집니다. 부부 관계가 놀랍도록 새로워집니다.

진리는 어려운 것이 아닙니다. 다만 그것을 삶으로 살아내느냐의 문제입니다. 저자가 말하는 것처럼 마음 가는 대로 하지 않고, 마음을 이끌어 가는 것이 중요합니다. 이제는 여러분의 차례입니다. 여러분의 마음에 사랑이 일어나기를 기다리지 말고, 40일간 진리로 마음을 이끌어 보십시오. 오래도록 목말라하던 행복한 부부, 행복한 가정을 맛보는 축복이 여러분을 기다릴 것입니다.

이상준 목사 1516교회 담임, 「두려움 너머의 삶」 저자

개정판 서문

 2008년에 이 책을 처음 출판했을 때는 아무도 이런 큰 반응을 기대하지 못했습니다. 우리는 이 책이 세계적인 베스트셀러가 되고 〈뉴욕타임스〉 베스트셀러 목록에 3년 넘게 오르는 것을 보고 매우 놀라면서도 겸허해졌습니다. 전 세계 수많은 독자가 이 책의 여정에 동참하면서 자신들의 관계에서 이 원리들을 배우고 실천하기 시작했습니다. 부부의 사랑이 어떻게 다시 불타올랐는지, 죽어 가던 결혼 생활이 어떻게 되살아났는지, 헌신된 진정한 사랑의 본질에 어떻게 눈뜨게 되었는지 이야기하는 이메일이 쇄도했습니다. 결혼 상담가와 목회자들도 이 책을 활용하여 자신이 돌보는 부부들을 격려하기 시작했습니다. 이혼 전문 변호사와 판사들까지 의뢰인 부부들에게 법정 대신, 이 책과 영화 "파이어프루프" (Fireproof)를 소개했습니다.

 우리는 전장에서 집으로 돌아온 군인들이 이 책의 도움을 받아

힘든 결혼 생활에서 회복했다는 사연을 듣고서 감동했습니다. 자녀를 독립시키고 단 둘만 남은 부부는 다시 사랑에 빠지게 되었다는 이야기를 기쁜 마음으로 나누어 주었습니다. 어느 남편은 이 책을 통해 배우고 누린 것이 너무 많아서 아내와 함께 여섯 번이나 읽었다고 전해 주었습니다. 공개석상에서 울먹이며 이렇게 말한 어르신의 사연도 들었습니다. "저는 이 책을 읽고 난 지금, 평생 그 어느 때보다도 아내를 깊이 사랑하고 있다고 여러분께 말씀드리고 싶습니다!"

이 여정을 통해 유익을 얻고 복을 누린 모든 사람과 그들의 결혼 생활, 가족으로 인해 하나님께 감사드립니다. 우리는 하나님께서 부부들의 마음을 바꾸어 주시고, 죽어 가는 결혼 생활을 다시 살리셨다고 믿습니다. 사랑에 대한 영원한 진리들을 이 세대와 나눌 수 있게 해주신 하나님께 다시 한 번 진심으로 감사드립니다.

이 책의 개정판을 독자들께 선보일 수 있어서 얼마나 감사한지 모릅니다. 이 개정판은 표지만 바뀐 것이 아닙니다. 초판의 모든 장을 꼼꼼하게 살피면서 내용을 보강했습니다. 전반적인 분위기와 형식은 그대로 유지하면서 새로운 개념을 추가했습니다. 부록에 새로운 자료를 보강했을 뿐 아니라, 독자들의 여정을 격려하기 위해 이 책을 실제로 활용한 기존 독자들의 반응을 각 날짜의 마지막 부분에 수록했습니다.

한마디로, 더 새롭고 강력해진 개정판이라 할 수 있겠습니다!

이 책을 처음 접하는 분이라면, 매우 단순하고 자신에게 익숙한 원리들이 있는가 하면, 낯설고 새로운 개념들도 있다는 것을 발견할 것입니다. 하지만 정말로 중요한 것은 여러분이 사랑에 대해 이미 아는 내용이나 책에서 발견한 내용이 아닙니다. 그 내용을 여러분이 실제로 꾸준하게 실천하고 부부 관계에 적용하는 것이 중요합니다. 책의 내용을 단순히 머리로 이해하기만 해서는 결혼 생활이 바뀌지 않습니다. 여러분의 관계에 적용해야 합니다. 사랑은 활동이 없는 지식이나 감정이 아니라, 날마다 활동하는 동사여야 합니다. '이미 아는 거잖아'라는 생각이 들 때마다 '그런데 정말 그렇게 살고 있나?'라는 질문이 뒤따라야 합니다. 이 책을 통해 많은 독자들이 새롭고 역동적인 사고방식과 생활방식으로 살아가게 되기를 바랍니다.

많은 독자가 반복해서 물어보기 때문에, 아래 다섯 가지 질문에 대한 답변을 먼저 소개해 드리겠습니다.

1. 혼자 해야 하나요, 아니면 배우자와 함께해야 하나요?

배우자와 함께하기로 했다면, 책을 함께 읽고 모든 수업마다 상대보다 더 잘하기 위한 즐거운 시도를 생각해 보세요. 배우자가 동참할 것 같지 않다면, 몰래 혼자서만 해보되 상대가 무슨 일인지 궁금해하도록 유도해 보세요.

2. 배우자가 눈치채고 "책에서 그렇게 하라고 하니까 나한테 잘해 주는 거죠?"라고 물어보면 어떡하나요?
간단하게 이렇게 대답해 주세요. "아무도 내게 이렇게 하라고 강요한 사람은 없어요. 내가 결단한 거죠. 물론 책에서 아이디어는 얻지만, 내가 이 책을 읽는 이유는 당신에게 사랑을 더 잘 표현하는 법을 배우기 위해서랍니다. 이제 당신이 알게 되었으니, 당신도 같이 하면 좋겠어요."

3. 하루, 이틀 빠지다가 결국 뒤처지면 어떡하나요?
날마다 완벽하게 하지 못했다고 해서 죄책감에 빠지지는 마세요. 자신의 속도대로 하면 됩니다. 어떤 부분에서 진도가 잘 나가지 않는다면, 천천히 가더라도 이 여정을 완주하는 것이 40일 만에 끝내는 것보다 훨씬 더 중요하다는 것을 기억하세요. 그래도 일단은 최선을 다해 따라가도록 노력해 보세요. 필요에 따라 조정도 하고요.

4. 별거 중이거나 이혼한 사람은 어떡하나요?
포기하지 말고 창의적으로 생각해 보세요. 배우자나 이전 배우자를 위해 현실적으로 할 수 있는 일에 집중하는 겁니다. 어떤 사람들은 책을 읽고 실천 사항을 정리해 두었다가 제한적인 만남의 기회가 있을 때마다 적절하게 적용하곤 했어요. 또 어떤 사람들은 실천 사항을 배우자를 위한 기도로 녹여 내거나, 편지나 인터넷으로 적용하기도 했지요. 형편에 맞게 조절해도 좋고, 자신의 유익을 위해 적용해 보는 것도 좋습니다. 전근이나 군 복무, 출장 등으로 떨어져 지내는 부부들도 이런 창의적인 접근법들을 일부 적용하여 같은 유익을 누릴 수 있습니다.

5. 배우자가 아무런 반응도 하지 않으면 어떡하나요?

그래도 계속하세요. 이 과정에서 배우자의 반응을 얻어내는 것보다, 당신이 '사랑하는 법'을 배우는 것이 더 중요하니까요. 배우자가 곧바로 반응하는 때도 있지만, 시간이 좀 더 필요한 때도 있더군요. 오랫동안 고통과 나쁜 감정이 쌓인 경우라면, 세월의 흐름에 따라 더 많은 자양분과 치유가 필요할 겁니다. 여러분이 모든 일을 제대로 한다 하더라도, 상대가 사랑을 어떻게 받아야 하는지 모르거나 당신의 행동이 얼마나 신실하고 꾸준한지 시험하려고 부정적으로 반응할 수도 있습니다. 인내하면서 장기적으로 생각하세요. 어떤 남편은 이 책의 내용을 세 차례나 끈질기게 실천한 후에야 아내의 마음이 녹아내려서 남편에게 돌아와 결혼 생활을 회복했다고 합니다. 설령 아내가 돌아오지 않았더라도, 그 사람이 배운 것은 자기 인생에 귀중한 자산이 되었을 것입니다. 조건 없는 사랑의 힘을 과소평가하지 마세요. 이 수업을 받아들이고 당신이 이 여정에서 혼자가 아니라는 사실을 기억하세요. 여러분을 응원하는 사람들이 많습니다.

우리는 27년 전에 이혼한 어떤 부부가 최근에 재결합하여 결혼 생활을 유지한다는 이야기를 듣고, 결혼이라는 선물이 얼마나 귀한지 다시 한 번 깨달았습니다. 두 사람의 눈물겨운 간증은 매우 감동적이었습니다. 이들의 사연은 어려운 시기일 때조차 결혼은 늘 소중하고 힘써 지킬 만한 것임을 재차 확인해 주었습니다.

우리는 이 모험이 여러분의 관계에 신선함과 특별함을 더해 주기를 기대합니다. 새로운 내용을 배워 가면서 여러분의 이야기를 다른 사람들에게 나누어 주십시오. 그들도 자신들의 여정에서 감동과 격려를 받을 수 있도록 말입니다. 하나님이 이끄시는 부부수업으로 당신을 초대합니다!

"사랑을 추구하십시오."(고전 14:1, 새번역)

공동 저자
알렉스 켄드릭과 스티븐 켄드릭

무료 평가

당신의 결혼 생활은 어떻습니까?

당신의 결혼 생활의 현주소를 정확히 파악하고, 이 책의 내용을 적용하는 과정에서 얼마나 진전이 있는지 확인하고자 '무료 결혼 생활 평가'를 개발했습니다. 누구든지 온라인에서 익명으로 아주 간단하게 할 수 있습니다. 몇 분만 시간을 내면, 여러분이 어느 정도 위치에 있는지, 주요 성장 영역이 어디인지, 이 책의 내용을 어떻게 전략적으로 활용할 수 있는지 손쉽게 알 수 있습니다.

www.LoveDareTest.com에 접속해서 차례대로 안내를 따라가 십시오. 15분 정도면 여러분에 대한 분석과 결과, 실제적인 조언을 볼 수 있습니다.

이 평가를 혼자 하든 배우자와 함께 하든, 부부수업을 시작하기에 앞서 이 유용한 정보를 받아 보는 것을 진지하게 고려해 보기를 바랍니다. 이 평가는 여러분 자신과 여러분의 결혼 생활을 통찰력 있게 진단해 줄 뿐 아니라, 결혼 생활의 몇몇 구체적인 영역에서 당신의 관계를 강화하는 데 최적화된, 책에 수록된 구체적인 '날'로 안내해 줄 것입니다. 모든 여정을 마친 다음에는 이 평가를 다시 해보고 이전의 결과와 비교해 보기를 추천합니다.

자신의 오랜 전문 지식과 이 책에 대한 애정을 하나로 엮어 이 훌륭한 도구를 개발할 수 있도록 도와준 존경받는 결혼 상담가 라몬 프레슨(Ramon Presson) 박사께 감사드립니다. 「5가지 사랑의 언어」(생명의말씀사)의 저자 개리 채프먼(Gary Chapman) 박사는 "프레슨 박사를 거의 30년 동안 알고 지냈는데, 그를 결혼 전문가로 기쁘게 추천합니다. 그에게는 상처를 드러내고 희망의 길을 보여 주는 독특한 능력이 있습니다"라고 말했습니다. 여러분도 그의 말에 동의하리라 믿습니다.

차례

추천의 글
개정판 서문
무료평가
서문

Day 01 사랑은 오래 참습니다	• 26
Day 02 사랑은 친절합니다	• 32
Day 03 사랑은 이타적입니다	• 38
Day 04 사랑은 사려 깊습니다	• 44
Day 05 사랑은 무례히 행하지 않습니다	• 50
Day 06 사랑은 쉽게 화를 내지 않습니다	• 56
Day 07 사랑은 믿습니다	• 62
Day 08 사랑은 질투하지 않습니다	• 68
Day 09 사랑은 좋은 인상을 줍니다	• 74
Day 10 사랑은 무조건적입니다	• 80
Day 11 사랑은 소중히 여깁니다	• 86
Day 12 사랑은 져 줍니다	• 92
Day 13 사랑은 정정당당하게 싸웁니다	• 98
Day 14 사랑은 즐거워합니다	• 104
Day 15 사랑은 존경합니다	• 110
Day 16 사랑은 중보합니다	• 116
Day 17 사랑은 친밀감을 키웁니다	• 122
Day 18 사랑은 이해하려고 애씁니다	• 128
Day 19 사랑은 우리 힘으로 할 수 없습니다	• 134
Day 20 사랑은 예수 그리스도이십니다	• 140
Day 21 사랑은 하나님 안에서 만족합니다	• 146
Day 22 사랑은 신실합니다	• 152
Day 23 사랑은 언제나 보호합니다	• 158

Day 24 사랑은 정욕이 아닙니다 • 164
Day 25 사랑은 용서합니다 • 170
Day 26 사랑은 책임집니다 • 176
Day 27 사랑은 격려합니다 • 182
Day 28 사랑은 희생합니다 • 188
Day 29 사랑의 동기는 하나님입니다 • 194
Day 30 사랑은 하나 되게 합니다 • 200
Day 31 사랑은 부모로부터 독립합니다 • 206
Day 32 사랑은 성욕을 채워 줍니다 • 212
Day 33 사랑은 서로 완성해 줍니다 • 218
Day 34 사랑은 거룩함을 기뻐합니다 • 224
Day 35 사랑에는 조언이 필요합니다 • 220
Day 36 사랑은 하나님의 말씀입니다 • 236
Day 37 사랑은 합심하여 기도합니다 • 242
Day 38 사랑은 꿈을 이룹니다 • 248
Day 39 사랑은 포기하지 않습니다 • 254
Day 40 사랑은 언약입니다 • 260

부록 1 마음을 인도하는 법 • 268
부록 2 배우자에게 던지는 20가지 질문 • 276
부록 3 함께 기도하는 법 • 280
부록 4 효과적인 기도의 자물쇠와 열쇠 • 284
부록 5 아내를 위해 기도하는 법 | 남편을 위해 기도하는 법 • 288
부록 6 하나님과 화평하는 법 • 292
부록 7 음란물을 극복하는 법 • 298
부록 8 더 좋은 성관계를 맺는 7단계 • 304
부록 9 기억해 두어야 할 말씀 • 309

서문

성경은 하나님이 결혼을 좋은 것으로 계획하고 창조하셨다고 말합니다. 결혼은 말할 수 없이 아름답고 소중한 선물입니다. 그분이 창조하신 결혼 관계에서 우리는 외로워하지 않고, 가족을 세우고, 자녀를 양육하며, 인생을 즐기고, 친밀한 관계를 누립니다.

그러나 결혼에는 더 큰 목적이 있습니다. 결혼 생활은 우리가 평생 동역자의 도움을 받아 우리 자신의 문제와 자기중심성을 해결하고 성장해야 함을 드러내 줍니다. 우리에게 배우려는 자세만 있다면, 결혼 생활에서 가장 중요한 한 가지, 즉 사랑하는 법을 배우게 될 것입니다. 이 강력한 연합은 당신이 또 다른 불완전한 사람을 조건 없이 사랑하는 법을 배울 수 있는 길을 열어 줍니다. 결혼은 힘겹습니다. 그러나 결혼은 참으로 놀랍습니다. 결혼은 인생을 뒤바꾸어 놓습니다.

이 책은 사랑에 관한 책입니다. 사랑하는 관계에서 충만한 삶을 사는 법을 배우고 그러한 삶을 살도록 도전하는 책입니다. 당신은 가장 가까운 사람인 배우자와 함께 이 여정을 시작할 수 있습니다. 하나님이 당신에게 복을 주셔서 이 모험을 시작하게 하시기를 기도합니다.

한 가지만 명심하십시오. 이 일에는 용기가 필요합니다. 이 도전을 받아들인다면, 더 이상 마음이 가는 대로 따르지 않고 마음을 인도하기로 결단해야 합니다. 세상은 마음이 가는 대로 하라고 부추기지만, 당신이 마음을 인도하지 않는다면 다른 사람이나 사물에 마음을 빼앗길 것입니다. 성경은 "만물보다 거짓되고 심히 부패한 것은 마음이라"(렘 17:9)라고 말합니다. 마음은 지금 당장 옳게 여겨지는 것을 늘 좇을 것입니다.

우리는 감히 당신에게 도전합니다. 마음이 움직이는 대로 따라가지 말고, 장기적인 안목에서 최선의 것을 향해 마음을 이끌어 가도록 생각을 바꾸십시오. 이것이야말로 지속적이고 만족스러운 관계의 열쇠입니다.

이 책은 배우자를 당신이 원하는 사람으로 개조하기 위한 것이 아닙니다. 남편이나 아내를 바꾸어 보려는 노력이 아무 소용없다는 사실은 당신도 이미 알고 있을 것입니다. 오히려 이 책은 사랑이 메마르고 사랑하려는 의지조차 사라질 때에도, 진정한 사랑을 모색하고 표현하도록 당신을 인도합니다. 사랑은 단순한 감정이 아니라 결단입니다. 사랑은 이기적이지 않고 자신을 희생하며 모든 것을 변화시킵니다. 사랑을 원래 의도대로 충실하게 표현할 때, 부부 관계는 더 나은 방향으로 발전할 것입니다.

이 40일간의 여정에는 다음과 같은 세 가지 중요한 요소가 담겨 있습니다.

첫째, 사랑의 독특한 특징을 한 가지씩 다룹니다. 찬찬히 내용을 읽고, 누군가를 진정으로 사랑한다는 것이 무슨 의미인지 새로운 이해를 얻기 바랍니다.

둘째, '오늘의 부부수업'을 통해 배우자를 위한 구체적인 과제가 주어집니다. 쉬운 것도 있고, 꽤 어려운 것도 있을 것입니다. 각각의 과제를 진지하게 받아들이되, 창의적이고 대담하게 시도해 보십시오. 외부 상황 때문에 특정 과제를 제대로 수행하지 못했다고 해서 너무 실망하지는 마십시오. 가능한 한 빨리 후속 조치를 취하고, 다음 과제를 계속하십시오.

마지막으로, 그날 배운 내용과 실천 사항, 배우자의 반응을 기록하십시오. 그 기록을 통해 당신 부부에게 일어난 일을 파악하십시오. 변화의 과정을 기록한 그 내용은 나중에 귀중한 도움이 될 것입니다.

마음을 지키고 보호할 책임은 오로지 당신에게 있다는 사실을 잊지 마십시오. 중간에 포기하거나 실망하지 마십시오. 마음을 이끌겠다고 결단하고 끝까지 최선을 다하십시오. 진정한 사랑을 배우는 것은 당신이 이 땅에서 할 수 있는 가장 중요한 일입니다.

> 그런즉 믿음, 소망, 사랑,
> 이 세 가지는 항상 있을 것인데,
> 그 중에서 가장 위대한 것은 사랑입니다.
> (고전 13:13, 쉬운성경)

> 내가 사람의 방언과 천사의 말을 하더라도
> 내게 사랑이 없다면,
> 나는 울리는 종과 시끄러운 꽹과리와 다를 게 없습니다.
> 내가 예언하는 선물을 받고,
> 모든 비밀과 모든 지식을 헤아리고,
> 또 산을 옮길 만한 믿음을 가지고 있다 하더라도
> 내게 사랑이 없다면, 나는 아무것도 아닙니다.
> 내가 내 모든 재산을 나누어 주고
> 내 몸을 불사르게 내어 준다 하더라도
> 사랑이 없으면 내가 얻는 것은 아무것도 없습니다.
> (고전 13:1-3, 쉬운성경)

Day 01

사랑은 오래 참습니다

―――― ◈◈◈ ――――

겸손함과 온유함으로 깍듯이 대하십시오.
오래 참음으로써 사랑으로 서로 용납하십시오.

엡 4:2, 새번역

사랑은 영향력이 있습니다. 사랑은 인간의 삶에서 가장 강력한 동기를 부여하며, 대부분의 사람들이 인식하는 것보다 훨씬 더 깊고 큰 의미를 지닙니다. 사랑은 겁쟁이에게 용기를 주고, 어리석은 사람에게 지혜를 줍니다. 사랑은 항상 다른 사람의 최선을 구하며, 아무리 힘든 역경도 견딜 수 있는 힘을 줍니다.

사랑은 남성들에게 유치한 행동을 멀리하고, 가족을 건사하며, 마치 조국을 위해 대양을 건너 전쟁에 참여하듯 자신의 신념에 열정을 품도록 동기를 부여합니다. 사랑은 여성들에게 정서적으로 관계를 맺고, 상처받은 주변 사람들을 위로하며, 자녀를 보호하고,

곤경에 빠진 사람들에게 친절을 베풀도록 동기를 부여합니다.

사람은 누구나 평생 사랑을 갈급해하며 살아가도록 태어납니다. 폐에 산소가 필요하듯이, 우리 마음은 사랑을 간절히 필요로 합니다. 사랑은 삶의 동기를 변화시킵니다. 사랑이 스며든 관계는 의미를 지니게 됩니다. 사랑 없는 결혼 생활은 결코 성공할 수 없습니다.

사랑은 사랑을 가장 잘 정의하는 두 기둥 위에 세워지는데, 그 기둥은 바로 '인내'와 '온유'입니다. 이 두 속성에서 다른 모든 사랑의 특징이 나타납니다. 당신의 배움은 바로 여기서부터, 즉 인내와 함께 시작됩니다.

사랑하면 오래 참는 사람이 됩니다. 오래 참기로 결단한 사람은 부정적인 상황에서도 긍정적으로 반응합니다. 그런 사람은 쉽게 성내지 않습니다. 성급하게 화내지 않고 느긋해지기로 마음먹었기 때문입니다. 사랑하는 사람은 안절부절못하면서 이것저것 요구하기보다는 침착하게 주변 사람들에게 자비를 베풉니다.

조급한 사람을 반길 사람은 아무도 없습니다. 성급한 사람은 과하게 분노와 어리석음을 드러내어 꼭 후회할 일을 만듭니다. 하지만 잘못된 행동에 무조건 화를 내면, 또 다른 잘못을 양산할 확률이 높습니다. 화를 내서 일이 잘 풀리는 경우는 거의 없습니다. 오히려 더 많은 문제를 만들어 낼 뿐입니다. 사소하고 단기적인 사건에 반응하는 사이, 장기적인 관계를 망가뜨립니다.

하지만 오래 참으면 문제가 더 커지는 것을 막을 수 있습니다. 인내는 입술을 깨물거나 손으로 입을 막는 행위라기보다는, 숨을 깊이 들이마시는 것입니다. 인내는 분위기를 변화시킵니다. 인내하면, 어리석음이 긴 꼬리를 온 방에 휘두르고 다니는 것을 막을 수 있습니다. 인내는 감정의 지배를 받지 않고 감정을 다스리겠다는 선택이자, 악을 악으로 갚지 않고 신중하게 행동하는 것입니다. 인내는 외부에서 폭풍우가 휘몰아칠 때도 내면의 고요를 가져다줍니다.

당신은 배우자가 상처를 줄 때 즉시 앙갚음을 합니까, 아니면 평정을 유지합니까? 당신은 부당한 대우를 받을 때마다 화를 냅니까? 만일 그렇다면, 당신은 치료제보다는 독을 퍼뜨리고 있는 것입니다.

분노의 가면을 벗겨 보면, 그것이 우리의 무지나 어리석음, 이기심에서 비롯된 정서적인 반응일 때가 많다는 것을 알게 됩니다. 하지만 인내는 우리를 지혜롭게 만듭니다. 인내는 "당신이 내게 어떻게 이럴 수 있어요!"라고 말하지 않고 "제가 이해할 수 있게 도와주세요"라고 말합니다. 오래 참는 사람은 성급하게 판단하지 않고 자신의 감정을 멈춘 채 상대방의 말에 온전히 귀를 기울입니다. 인내는 분노가 무서운 기세로 치고 들어오려는 문간을 막고 서서, 전체 그림을 본 다음에 판단을 내리려고 기다립니다. 성경은 "노하기를 더디 하는 자는 크게 명철하여도 마음이 조급한 자는 어리석음을 나타내느니라"(잠 14:29)라고 말합니다.

오래 참지 못하는 가정은 전쟁터가 되지만, 오래 참는 가정은 평화롭고 안정됩니다. "분을 쉽게 내는 자는 다툼을 일으켜도 노하기를 더디 하는 자는 시비를 그치게 하느니라"(잠 15:18). 잠언에 나오는 이 말씀은 세월이 흘러도 변함없이 적용되는 분명한 원칙입니다. 인내는 사랑과 지혜가 만나는 지점입니다. 건강한 결혼 생활을 유지하려면 반드시 이 조합이 필요합니다.

사랑은 배우자의 인간적인 면을 인정해 줍니다. 누구나 매일 실패한다는 사실을 이해하기 때문에, 상대방이 실수를 교정할 수 있도록 충분한 시간을 줍니다. 인내는 관계가 어려움에 봉착할 때에도 압박을 견디다 못해 단념하는 것이 아니라, 포기하지 않고 끝까지 버틸 수 있는 힘을 줍니다.

한번 시험해 보십시오. 당신은 얼마나 참을 수 있습니까? 얼마나 빨리 나쁜 태도를 보입니까? 미소를 지으면서 기다려 줄 의향이 있습니까? 당신의 배우자는 과연 오래 참는 아내나 남편을 기대할 수 있습니까? 당신의 아내는 차 안에 열쇠를 두고 문을 잠가 버렸을 때 어린아이를 야단치듯 하여 수치심을 주기보다 넓은 마음으로 이해해 주는 남편을 기대할 수 있습니까? 당신의 남편은 집안일 목록을 펴 들고 잔소리하는 아내의 방해를 받지 않고 느긋하게 축구 경기를 끝까지 다 볼 수 있습니까?

다음과 같은 성경적인 접근법을 시도하려 할 때 당신의 가정에서는 어떤 반응이 나오겠습니까? "삼가 누가 누구에게든지 악으로 악을 갚지 말게 하고, 서로 대하든지 모든 사람을 대하든지 항상 선을 따르라"(살전 5:15).

오래 참기를 잘하는 사람은 드물고, 더군다나 그것을 자연스럽게 체득한 사람은 아무도 없습니다. 그러나 현명한 사람들은 인내를 결혼 관계의 핵심 요소로 여기고 실천하려 애씁니다. 이것은 진정한 사랑을 보여 주는 훌륭한 출발점이 될 수 있습니다.

앞으로 이어질 40일간의 여정에서 가장 먼저 결심해야 할 것은 바로 '날마다 인내하기'입니다. 이 여정은 단거리 경주가 아니라 장거리 마라톤입니다. 하지만 기꺼이 뛰어 볼 만한 경주가 아닙니까? 우리는 날마다 사랑해야 하기에, 날마다 오래 참아야 합니다. 매일 아침 해가 떠오르듯, 날마다 사랑을 공급받아 새로워져야 합니다.

오늘의 부부수업

사랑을 위한 첫 번째 과제는 그리 어렵지 않습니다. 사랑을 표현하는 방법에는 여러 가지가 있지만, 대부분의 경우 '말'로 마음의 상태를 표현합니다. 하루 동안 최대한 인내심을 발휘하여, 배우자에게 부정적인 말은 단 한마디도 하지 않도록 노력해 보십시오. 부정적인 말이 나오려고 하면, 아예 아무 말도 하지 마십시오. 후회할 말을 내뱉느니 입을 다무는 편이 낫습니다.

☐ 오늘의 수업을 완수했으면 여기에 표시하십시오.

────∞────

- 오늘 배우자의 화를 돋울 만한 사건이 있었습니까?
- 비난하고픈 생각과 그것을 말하고 싶은 충동이 일어나지는 않았습니까?
- 그 충동을 어떻게 다스렸습니까?

내 사랑하는 형제들아, 너희가 알지니 사람마다 듣기는 속히 하고
말하기는 더디 하며 성내기도 더디 하라. (약 1:19)

"이 책에 마음과 영혼을 투자하면, 곧 변화를 보게 될 것입니다."_엘나

Day 02

사랑은 친절합니다

> 서로 친절히 대하며, 불쌍히 여기며, 하나님께서
> 그리스도 안에서 여러분을 용서하신 것과 같이, 서로 용서하십시오.
>
> 엡 4:32, 새번역

친절은 행동하는 사랑입니다. 오래 참음이 부정적인 상황을 최소화하기 위한 '반응'이라면, 친절은 긍정적인 상황을 최대화하기 위한 '행동'이라고 할 수 있습니다. 오래 참음이 문제를 피하는 것이라면, 친절은 복을 베푸는 것입니다. 오래 참음이 예방책이라고 한다면, 친절은 적극적인 행동이라고 할 수 있습니다. 이와 같은 사랑의 두 가지 측면은, 우리가 앞으로 논의할 수많은 사랑의 속성들을 받쳐 주는 초석이 될 것입니다.

사랑하면 친절한 사람이 됩니다. 친절한 사람에게는 호감이 갑니다. 친절한 사람 주위에는 사람이 모입니다. 친절한 사람은 주변 사람들을 잘 대할 뿐 아니라 그들에게 유익을 줍니다.

성경은 친절의 중요성을 강조합니다. "인자[친절]와 진리가 네게서 떠나지 말게 하고 그것을 네 목에 매며 네 마음판에 새기라. 그리하면 네가 하나님과 사람 앞에서 은총과 귀중히 여김을 받으리라"(잠 3:3-4). 친절한 사람은 어디를 가나 호의를 베푸는데, 가정에서도 마찬가지입니다.

그러나 막상 '친절'을 정의하려고 하면 막막해집니다. 친절을 베풀려 할 때는 더 그렇습니다. 친절을 보다 잘 이해하기 위해 네 가지 구성 요소로 나누어 생각해 보겠습니다.

솔선수범 친절한 사람은 한발 앞서 생각하고 먼저 첫발을 내디디기 때문에 따로 그에게 무언가를 요청할 필요가 없습니다. 멍하니 자리에 앉아 있다가 등을 떠밀리거나, 다른 사람의 강압에 못 이겨 일어나는 법이 없습니다. 친절한 사람은 인사도 먼저, 미소도 먼저, 봉사도 먼저, 용서도 먼저 합니다. 반드시 상대방의 호응이 있을 때에만 사랑의 행동을 하는 것이 아닙니다. 친절은 상대방의 필요를 알아차리고, 남보다 먼저 행동으로 옮깁니다.

온유 친절에서 우러나온 행동은 배우자를 아주 조심스럽게 대합니다. 쓸데없이 큰소리를 내는 법이 없습니다. 친절한 사람은 민감하고 부드럽습니다. 어쩔 수 없이 심한 말을 해야 할 경우에도, 비난과 힐책으로 상대방에게 상처를 주지 않고 최대한 부드럽게 이야기합니다. 사랑 안에서 진리를 말합니다.

상대방의 유익 친절은 상대방에게 지금 필요한 일을 해주는 것입니다. 집안일을 도와 달라고 하면, 소매를 걷어붙이고 나섭니다. 이야기를 들어줄 사람이 필요하다고 하면 기꺼이 귀를 기울입니다. 친절한 아내는 자신의 권리를 염려하지 않으면서 남편을 섬길 줄 압니다. 친절한 남편은 아내에게 무엇이 필요한지 늘 관심을 두고, 자신의 필요는 잠시 뒷전으로 미루더라도 아내의 필요를 채우기 위해 애씁니다.

자발성 친절한 사람은 맞장구를 잘 쳐줍니다. 끝까지 고집을 부리거나 마지못해 응하지 않고, 융통성을 발휘하여 다른 사람과 협력합니다. 불평불만하고 구차한 변명만 내세우기보다는, 절충과 조정을 끌어낼 창의적인 수단을 찾아냅니다. 친절한 남편은 자기주장만 내세우지 않고 먼저 아내의 이야기에 기꺼이 귀를 기울임으로써 논쟁의 여지가 있는 말다툼을 조기에 진압합니다.

예수님은 선한 사마리아인의 비유(눅 10장)에서 친절한 사랑을 아주 기발하게 묘사하셨습니다.

강도를 만난 유대인이 거의 초주검 상태로 한적한 길에 쓰러져 있었습니다. 사람들의 존경을 받는 종교 지도자 두 사람은 그를 그냥 지나쳤습니다. 너무 바쁘고 중요한 사람들인데다, 깨끗한 손을 차마 더럽힐 수 없었기 때문입니다. 그런데 어느 평범한 사람, 그것도 유대인들과는 앙숙 관계여서 많은 원한을 샀던 사마리아인이 곤란에 처한 유대인을 보고 불쌍히 여겼습니다. 그래서 동족의 손가락질을 무릅쓰고, 모든 문화의 장벽을 초월하여 그 남자를 도왔습니다. 사마리아인은 강도 만난 사람의 상처를 싸매 주고 자신의 나귀에 태워 안전한 곳으로 데려간 다음, 주머니를 털어 치료비를 댔습니다.

민족주의로 인한 반목과 분열이 끊이지 않던 때에, 이 한 번의 친절한 행위가 두 원수를 화해시켰습니다. 이 사람의 솔선수범은 어느 모로 진정한 친절을 보여 주는 행위였습니다. 그는 온유했고, 상대방에게 유익을 끼쳤으며, 자발적으로 행동했습니다.

예수님은 사랑이 어떻게 원수끼리도 서로 친절하게 손을 내밀게 하는지를 분명히 보여 주셨습니다. 원수끼리도 그럴 수 있다면, 친한 사람들끼리는 어떻겠습니까? 어떻게 하면 당신이 맺는 관계에서 더욱 친절해질 수 있습니까? 당신의 결혼 생활에서는 어떻습니까?

맨 처음 당신 부부가 상대방에게 끌린 이유도 친절 때문이 아니었습니까? 결혼할 당시에 당신은 남은 평생 배우자가 베푸는 친절을 맛볼 수 있으리라고 기대하지 않았습니까? 당신의 남편이나 아내도 똑같은 생각을 하지 않았겠습니까? 시간이 흐르면서 그런 욕구가 조금은 무디어졌을지 몰라도, 행복한 결혼 생활은 날마다 얼마만큼의 친절을 베푸느냐에 달려 있습니다. 친절은 서로의 즐거움을 북돋웁니다.

성경에는 남편과 자녀에게서 칭찬과 복을 받는 한 여인이 등장합니다. 이 여인의 훌륭한 성품 중에는 이런 것들이 있었습니다. "입을 열어 지혜를 베풀며 그의 혀로 인애[친절]의 법을 말하며"(잠 31:26). 당신은 어떻습니까? 당신의 배우자는 당신을 얼마나 친절한 사람으로 평가합니까? 당신은 매정한 사람입니까, 아니면 온유하고 유익을 끼치는 사람입니까? 당신은 상대방이 부탁할 때까지 마냥 기다립니까, 아니면 상대방을 돕기 위해 먼저 발 벗고 나섭니까? 상대방이 먼저 친절을 베풀 때까지 기다리지 마십시오. 친절을 매일의 목표로 삼으십시오.

특별한 동기가 없을 때 사랑을 표현하기란 쉽지 않습니다. 하지만 진정한 의미의 사랑은 감정에 치우치지 않습니다. 오히려 별다른 보상이 없을 때에도 사려 깊은 행동을 보여 주려고 결단하는 것이 바로 사랑입니다. 먼저 친절을 베푸는 법을 배울 때에야 비로소 사랑하는 법을 배울 수 있습니다.

오늘의 부부수업

오늘은 배우자에게 부정적인 말을 하지 않는 어제의 과제에 추가하여, 예상치 못한 친절을 최소한 한 가지 이상 베푸십시오.

☐ 오늘의 수업을 완수했으면 여기에 표시하십시오.

──∞──

- 오늘 사랑에 대해 새롭게 발견한 내용은 무엇입니까?
- 오늘의 과제를 완수하기 위해 어떤 친절을 보여 주었습니까?
- 어떻게 하면 이것을 습관으로 만들 수 있겠습니까?

사람은 자기의 인자함[친절]으로 남에게 사모함을 받느니라. (잠 19:22)

"사랑하고 사랑받는 법을 잊어버렸던 것 같습니다. 오늘이 둘째 날인데, 다시 빛이 보이기 시작하는 느낌입니다." _스테이시

Day 03

사랑은 이타적입니다

―――― ❖ ――――

형제의 사랑으로 서로 다정하게 대하며,
존경하기를 서로 먼저 하십시오.

롬 12:10, 새번역

이기심과 사랑은 서로 끊임없이 반목합니다. 사랑은 다른 사람을 위해 자기 자신을 부인하라고 요구하지만, 이기심은 다른 사람을 희생시켜서 자기 자신에게만 집중하라고 강요합니다. 이기심은 사랑할 능력을 질식시키는 질병과 같습니다. 자기중심성을 선택하면 점점 더 까다로운 사람이 됩니다. 애정에 굶주리게 되고 지나치게 예민해지며 요구 사항이 많아집니다. 그러다 자기 생각대로 되지 않으면, 자신의 잘못은 보지 못한 채 다른 사람들만 심하게 판단합니다.

슬프게도 우리는 '자아'를 애지중지하는 세상에 살고 있습니다. 우리를 둘러싼 문화는 자신의 외모와 감정, 욕구를 최우선으로 여기라고 가르칩니다. 남들에게서 이런 특징을 발견하면 혐오하면서도, 우리 자신에게서 그런 특징이 보일 때는 정당화합니다. '나는 ~을 받을 만하다', '나는 ~을 바란다', '나는 ~을 하고 싶다'와 같은 표현은 우리가 이기심을 채울 때 사용하는 애피타이저와 같습니다.

불행히도 모든 인간은 날 때부터 이기심을 갖고 태어납니다. 어린아이들의 철없는 행동에서도, 어른들이 서로에게 고통을 주는 모습에서도 이런 이기심을 쉽게 찾아볼 수 있습니다. 사람들이 저지르는 죄는 거의 다 이기적인 동기에서 비롯되었다고 볼 수 있습니다. 그리고 결혼 관계 안에서도 이기심은 끔찍하게 고통스러운 결과를 가져옵니다.

결혼 생활은 우리의 이기심을 생생하게 드러냅니다. 남편이 자신의 이익과 욕구와 우선순위를 아내의 것보다 우선시한다면, 그것이 바로 이기심의 징후입니다. 아내가 남편의 필요를 채우기 위해 투자하는 시간과 에너지가 아까워 끊임없이 불평을 늘어놓는다면, 그것이 바로 이기심의 징후입니다. 변덕과 불평은 이기심이 위장한 것입니다. 게으름과 무책임도 이기심의 또 다른 가면입니다. 과시하는 것, 자랑하는 것, 벌컥 화내는 것, 남의 말은 듣지 않고 내 말만 하는 것 등도 마찬가지입니다. 심지어 너그러운 행동도, 그 동기가 권리를 내세우거나 보상을 바라는 것이라면 이기적일 수 있습니다.

당신은 이 글을 읽으면서도 그런 행동을 보이는 배우자의 성향에만 집중하고, 당신의 성향은 무시하고 있지 않습니까? 왜 우리는 스스로에게는 그렇게 낮은 기준을 적용하면서, 배우자에게는 높은 기대를 합니까? 그 대답은 마치 삼키기 힘든 알약과 같습니다. 우리는 모두 이기심과 싸우고 있기 때문입니다.

결국, 다른 사람을 사랑하는 마음에서 우러나온 결정과 자기 자신을 사랑하는 마음에서 우러나온 결정, 이 둘 중 하나밖에는 없습니다.

그러나 사랑은 "자기의 유익을 구하지 아니"(고전 13:5)합니다. 사랑은 다른 사람의 행복에서 만족을 얻습니다. 사랑하는 결혼 관계를 누리는 부부는 겸손합니다. 배우자가 아무리 흠이 많더라도, 인생을 함께하기로 작정한 사람이기에 잘 돌보려고 애씁니다. 이들은 결혼과 동시에 자기 유익을 내려놓고, 남은 인생을 자신을 위해 살아갈 권리를 기꺼이 포기합니다. 자신의 행복보다 배우자의 행복을 앞세우는 것이 사랑입니다.

배우자를 사랑하기로 결단하면, 자신의 욕구에는 "아니오" 하고, 상대방의 필요에는 "예" 하고 대답하게 됩니다. 그렇다고 해서 자신은 아무런 개인적인 만족을 누릴 수 없다는 뜻은 아닙니다. 단지 자신의 행복을 위해 배우자의 행복을 무시하지 않는다는 뜻입니다.

또한 사랑은 내면의 자유를 가져옵니다. 사랑하면 비현실적인 기대감, 충족되지 못한 욕구와 같은 걱정에서 해방됩니다. 배우자의 행복을 먼저 생각할 때, 이기적인 행위로는 도무지 맛볼 수 없는 만족감이 따라옵니다.

이타적인 사람들은 다른 사람에게 끊임없는 기쁨을 줍니다. 그런 사람들은 멋진 친구와 배우자를 곁에 둡니다. 이들은 자신의 질투심과 요구 사항을 제쳐두고, 다른 사람을 사랑하고 섬기고 나누는 기쁨에 푹 빠집니다. 때로는 그저 배우자가 먼저 행동하고, 말하고, 대접을 받도록 몇 초만 배려하는 것으로 사랑을 실천할 수 있습니다. 날마다 이기심에 저항하는 법을 더 많이 배울수록, 당신은 더 강하고, 더 사랑이 넘치고, 더 행복한 사람이 될 것입니다.

배우자만큼 당신을 잘 아는 사람은 없습니다. 그러므로 당신이 배우자의 필요를 채우려고 의도적으로 자기 소원과 바람을 내려놓기 시작할 때, 그 변화를 가장 먼저 눈치챌 사람은 바로 당신의 배우자일 것입니다. 배우자는 그 변화를 환영할 수도 있고, 아무 말 없이 의혹의 눈길을 보낼 수도 있지만, 반드시 그 변화를 알아차릴 것입니다.

남편이나 아내의 유익을 위해 자기 욕구를 희생하기 어렵다면,

스스로는 인정하고 싶지 않겠지만 당신에게는 심각한 이기심의 문제가 있을지도 모릅니다.

스스로 다음과 같은 질문을 던져 보십시오.

- 나는 진심으로 내 남편(또는 아내)에게 가장 좋은 것을 바라는가?
- 나는 배우자가 내게서 사랑받는다고 느끼기를 바라는가?
- 내가 배우자의 유익을 최우선 순위에 두고 있다는 사실을 상대방이 믿는가?
- 배우자는 내가 나를 우선시한다고 생각하겠는가, 아니면 상대를 우선시한다고 생각하겠는가?

당신의 배우자 역시 이기적인 사람을 사랑하기 위해 고군분투하고 있다는 사실을 잊지 마십시오. 하지만 상대가 당신의 사랑을 '얻기 위해' 수고하게 하지는 마십시오. 정신 바짝 차리고, 상대방에게 진짜 사랑을 먼저 표현하는 사람이 되기로 작정하십시오. 상대에게 진짜 사랑이 무엇인지, 예상치 못한 본보기를 보여 주십시오. 결국에는 두 사람 모두에게 더 큰 만족이 찾아올 것입니다.

"아무 일에든지 다툼이나 허영으로 하지 말고 오직 겸손한 마음으로 각각 자기보다 남을 낫게 여기고"(빌 2:3).

오늘의 부부수업

당신이 시간과 에너지와 돈을 들이는 일은, 무엇이 되었든지 간에 소중한 것이 됩니다. 별로 힘들이지 않고 얻은 것은 소홀히 여기게 마련입니다. 오늘 하루 동안에는 부정적인 말을 삼갈 뿐 아니라, "나는 오늘 당신을 생각했습니다"라는 메시지를 전할 수 있는 작은 선물을 배우자에게 사 주십시오.

☐ 오늘의 수업을 완수했으면 여기에 표시하십시오.

- 배우자에게 어떤 물건을 선물했습니까?
- 선물을 받은 상대방은 어떤 반응을 보였습니까?

시기와 다툼이 있는 곳에는 혼란과 모든 악한 일이 있음이라. (약 3:16)

"난생처음, 제대로 행동하고 있는 것 같습니다. 아내를 어떻게 사랑하는지,
얼마나 사랑하는지 이제야 진정으로 배우고 있습니다."_조

Day 04

사랑은 사려 깊습니다

───── ⚜ ─────

오 하나님, 주의 생각들이 내게 얼마나 소중한지요!
그것들이 얼마나 크고 많은지요! 만일 내가 그것들을 셀 수 있다면,
아마 모래알의 숫자보다 더 많을 것입니다.
시 139:17-18, 쉬운성경

사랑은 생각합니다. 사랑은 감정의 파도에 휩쓸리고 지적으로는 잠에 빠진, 생각 없는 감정이 아닙니다. 사랑은 항상 생각하느라 분주합니다. 먼저 사랑의 생각이 있어야 사랑의 행위가 뒤따르는 것을 알기 때문입니다.

사랑에 빠지고 얼마 되지 않았을 때는 생각하는 것이 조금도 힘들지 않았습니다. 사랑하는 사람의 모습을 떠올리며, 상대방이 지금쯤 무엇을 하고 있을지 궁금해하고, 무슨 말로 기분 좋게 해줄지 머릿속에서 연습하고, 함께 보낸 즐거운 추억을 회상하느라 시간이 훌쩍 지나가 버렸습니다. 그때는 거짓말을 조금도 보태지 않

고도 이렇게 고백할 수 있었습니다. "당신 생각이 머릿속에서 떠나질 않아요."

하지만 결혼 후에는 대부분의 커플에게 변화가 찾아옵니다. 아내는 드디어 왕자님을 찾았고, 남편은 트로피를 거머쥐었으니, 사냥과 추적은 끝났습니다. 불꽃 튀는 로맨스는 꺼져 가는 불씨처럼 사그라지고, 생각을 유발했던 동기도 냉랭해집니다. 당신의 관심은 직장과 친구들, 바로 앞의 문제, 개인적인 욕구, 자기 자신에게로 향합니다. 그렇게 시간이 흐르다 보면 고의는 아니더라도, 배우자의 필요를 무시하게 됩니다.

그렇지만 결혼으로 인해 당신만의 우주에 다른 사람이 함께 살게 되었다는 사실에는 변함이 없습니다. 그렇기 때문에 상대를 고려할 만큼 사고가 충분히 성숙하지 못했다면, 당신은 자신의 사려 깊은 모습보다는 늘 당황하는 모습만 보게 될 것입니다.

"어머나, 오늘이 결혼기념일인가요?"

"그런 결정은 당신과 상의할 필요가 없다고 생각했어요."

"왜 그렇게 화가 났어요?"

생각하는 법을 배우지 못한 사람은 사랑을 표현할 기회를 놓쳐버리고 후회할 것입니다. 생각 없음은 사랑하는 관계에서 소리 없는 적입니다.

솔직히 말해 봅시다. 생각이 부족해서 힘들어하는 사람은 아무래도 여자보다는 남자가 많습니다. 남자는 레이저처럼 한 가지에만 온 정신을 집중하고, 그것을 제외한 나머지 세상은 나 몰라라 할 수 있는 존재입니다. 이런 성향이 그 한 가지 영역에서는 확실히 도움이 되겠지만, 그의 관심이 필요한 나머지 것들은 간과되기 쉽습니다.

반대로, 여자는 한꺼번에 벌어지는 여러 가지 일을 인식할 수 있는 능력이 있습니다. 여자는 전화 통화를 하면서 요리를 하고, 아이들이 집 안 어디에 있는지 다 파악하면서, 남편이 왜 도와주지 않는지 의아하게 여깁니다. 뿐만 아니라, 여자는 관계적으로 생각하는 경향이 있습니다. 어떤 일을 할 때 그 일과 어떤 식으로든 관련이 있는 사람을 모두 파악합니다.

이런 남녀의 성향은 하나님이 여성을 남편을 완성하는 존재로 창조하셨음을 보여 줍니다. 하나님은 창조 세계를 보시고 이렇게 말씀하셨습니다. "사람이 혼자 사는 것이 좋지 아니하니 내가 그를 위하여 돕는 배필을 지으리라"(창 2:18). 하지만 이런 차이는 오해의 소지를 만들어 내기도 합니다.

예를 들어, 남자는 굵직굵직한 제목들만 생각하고 꼭 해야 할 말만 정확하게 이야기하려 합니다. 그가 전달하려는 메시지를 이해하기 위해 따로 노력할 필요는 없습니다. 남자는 직설적으로 말하기 때문에 과장해서 분석할 필요가 없습니다. 그러나 여자의 생각과 말은 간접적일 때가 많습니다. 여자는 주로 어떤 암시를 던집니다. 남자가 그 의미를 제대로 이해하기 위해서는 그 이면에 내재한 메시지에 귀를 기울여야 합니다.

이와 같은 남녀의 차이를 이해하지 못한다면, 부부 사이에는 끊임없이 불화가 지속될 수 있습니다. 남편은 아내가 수수께끼 같은 말만 던지면서 하고 싶은 이야기를 속 시원히 털어놓지 않는 이유를 알 수 없어 울화통이 터집니다. 아내는 남편이 왜 이렇게 무심하여 간단한 말조차 이해하지 못하는지 답답할 뿐입니다.

여자는 사려 깊은 남편을 간절히 바랍니다. 이것이 아내가 사랑받는다고 느끼게 하는 핵심입니다. 현명한 남편이라면 아내가 이야기할 때 형사처럼 귀를 쫑긋 세우고 아내의 말 배후에 자리한 숨은 필요와 욕구를 찾아내기 위해 애쓸 것입니다. 만약 아내가 남편을 위해 항상 조리 있게 설명해 줘야 한다면, 남편으로서는 아내를 향한 사랑을 증명할 기회를 놓치는 것입니다.

이런 사실은, 아내들이 왜 남편에게 이유를 말해 주지 않고 무작정 화만 내는지 잘 설명해 줍니다. 아내는 속으로 이렇게 생각합니다. '내가 화내는 이유를 굳이 입 아프게 말해 줘야 하나. 상황을 보면 척 하고 답이 나와야지.' 남편은 남편대로 아내의 마음을 알 수 없어 안타까워하며, 왜 자신이 짓지도 않은 죄 때문에 벌을 받아야 하는지 영문을 몰라 합니다.

사랑에는 양쪽 모두의 생각이 필요합니다. 이 생각에 오래 참음과 친절과 이타심이 한데 어우러져 다리가 만들어집니다. 사랑은 두 사람이 서로 존중하면서 상대방의 독특한 생각을 이해하기 위해 중간 지점에서 만날 방법을 가르쳐 줍니다.

남편은 아내의 말을 경청하고 아내가 말로 표현하지 않은 메시지를 이해하는 법을 배워야 합니다. 아내는 말을 에둘러 하지 않고 사실대로 이야기하는 법을 배워야 합니다. 사람들은 흔히 조준하기 전에 무작정 사격부터 하는 파괴적인 유형을 따르다가 화를 내고 좌절합니다. 다짜고짜 심한 말을 내뱉어 놓고, 나중에야 적절한 말이었는지 여부를 따집니다. 하지만 사려 깊은 사랑은 말하기 전에 생각부터 단속하라고 가르칩니다. 사랑은 먼저 생각한 다음에 이야기합니다. 사랑은 진실과 친절이라는 그물망을 통해 말을 여과합니다.

최근 들어 어떻게 하면 배우자를 더 많이 이해하고 사랑을 표현할 수 있을지 곰곰이 생각해 본 적이 있습니까? 지금 즉시 들어줄 수 있는 것은 무엇입니까? 당신이 준비할 수 있는 다음 기념일(결혼기념일, 생일, 휴일)은 언제 돌아옵니까? 훌륭한 생각이 훌륭한 결혼 생활을 만듭니다.

오늘의 부부수업

오늘은 근무시간에 배우자에게 연락해 보십시오. 별일은 없는지, 당신이 도와줄 일은 없는지 묻는 것 이외에 다른 특별한 용건은 없어야 합니다.

☐ 오늘의 수업을 완수했으면 여기에 표시하십시오.

──∞──

- 오늘의 수업을 통해 당신이나 배우자에 대해 새롭게 알게 된 사실이 있습니까?
- 어떻게 하면 이런 단순한 안부 전화가 자연스러운 일상으로 자리 잡을 수 있겠습니까?

내가 너희를 생각할 때마다 나의 하나님께 감사하며. (빌 1:3)

"지금 내 머릿속에는 온통 어떻게 하면 아내를 향한 내 사랑을
아내가 느낄 수 있게 하느냐 하는 생각뿐이다."_숀

Day 05

사랑은 무례히 행하지 않습니다

———— ⊰❖⊱ ————

이른 아침에 큰소리로 이웃에게 축복의 인사를 하면,
그것을 오히려 저주로 여길 것이다.
잠 27:14, 새번역

무례한 것처럼 사람을 짜증 나게 하는 것도 없습니다. 무례는 주변 사람들에게 불쾌한 말이나 행동을 불필요하게 하는 것을 말합니다. 무례한 행동은 보기 흉하고 당황스럽고 신경에 거슬립니다. 결혼 생활에서 무례한 행동은 거친 입, 좋지 않은 식사 태도, 습관적으로 빈정거리는 말 등으로 나타날 수 있습니다. 아무리 잘 봐주려고 해도, 무례한 사람을 좋아할 사람은 없습니다. 무례한 행동을 하는 당사자는 정작 아무렇지 않을지도 모르지만, 당하는 편에서는 기분이 좋을 리가 없습니다.

하지만 사랑은 그렇지 않습니다. 사랑에 이끌린 남편은 곁에 있는 아내가 더 기분이 좋아지도록 행동합니다. 남편을 사랑하는 아내는 남편의 심기를 불편하게 하거나 언짢게 만드는 일은 의도적으로 피할 것입니다.

핵심은, 진정한 사랑은 예의를 중시한다는 것입니다.

이 한 개념만 받아들여도 결혼 생활에 신선한 바람이 불 수 있습니다. 예의 바른 태도는 아내나 남편에게 이런 마음을 표현해 줍니다. "제가 당신 앞에서 자제하는 것은 그만큼 당신을 소중히 여기기 때문입니다. 저는 당신에게, 함께 있으면 기분 좋은 사람이 되고 싶습니다." 사랑으로 인해 당신의 행동(아주 사소한 행동이라도)이 변하기 시작할 때, 부부 사이는 서로 존중하는 분위기를 회복하게 됩니다.

대개, 집에서 필요한 예절은 친구 사이나 낯선 사람을 대할 때의 예절과 다릅니다. 집 안에서는 큰소리를 내거나 뾰로통하다가도, 초인종만 울렸다 하면 만면에 미소를 띠고 상냥한 사람으로 돌변하는 사람들이 있습니다. 하지만 사랑하기로 결단한 사람은 스스로 최선을 다해야 합니다.

사랑이 동기 부여가 되어 행동의 변화를 가져오지 못한다면, 결혼 관계의 질과 즐거움의 수준은 불가피하게 제한될 것입니다. 당신이 상대를 더 존중하고 존경할수록, 배우자에게 더 매력적이고 사랑스럽게 비칠 것입니다.

여자는 타고난 여성성으로 인해 조금 더 부드럽고 우아해서 남자보다 예의를 갖추어 행동하는 성향이 있습니다. 남자는 자신을 존중해 주는 사람에게 끌리기 때문에, 여자가 존중하는 태도로 말하는 것은 남편의 마음을 얻고, 설득하고, 사랑받는다고 느끼게 하는 데 매우 효과적입니다. 반대로, 아내가 남편에게 아이에게 말하듯 하거나, 남편의 결정을 무시하거나, 따지기를 좋아하면 매우 무례해 보일 수 있습니다. 솔로몬 왕은 "다투는 여인과 함께 큰 집에서 사는 것보다 움막에서 혼자 사는 것이 나으니라"(잠 25:24)라고 말했습니다.

하지만 남자들이 염두에 두어야 할 더 중요한 교훈이 있습니다. 아내를 다른 누구보다도 소중히 대하며 사랑하기로 선택한 귀중한 존재로 대하지 않고, 그저 '보통 사람'으로 대하는 것은 사랑하는 태도가 아니라는 것입니다. 남편은 자기감정에 좌우되지 않고 자제력을 발휘하여 아내를 존중할 때 큰 힘을 드러냅니다. 성경은 "친절한 사람은 잘 되나니"(시 112:5, NASB)라고 말합니다. 신중한 남자는 무엇이 적절한지 파악해서, 그에 걸맞은 행동을 취합니다.

사람들이 무례를 범하는 주된 요인이 두 가지 있는데, 하나는 '무지'이고 또 하나는 '이기심'입니다. 물론, 둘 다 바람직하지 않습니다. 어린아이는 예의를 모른 채 태어나기 때문에, 주변의 훈련과 도움이 필요합니다. 하지만 기본예절을 배우기만 하면 분별력을 얻을 수 있습니다. 그러나 어른은 조금 다른 차원에서 무지를 드러냅니다. 뻔히 규칙을 알면서도 그것을 무시해 버리거나 너무 자기밖에 몰라서 규칙에 개의치 않는 것입니다. 사람들은 함께 사는 사람에게 자신이 얼마나 불쾌한 존재인지 잘 깨닫지 못하는 것 같습니다.

아래 질문을 참고하여 스스로 평가해 보십시오.

- 배우자는 당신의 말과 행동 방식을 어떻게 생각하는가?
- 당신의 행동은 배우자의 자존감과 자아상에 어떤 영향을 미치는가?
- 배우자는 당신을 축복의 통로로 고백하는가, 아니면 거만하고 성가신 존재로 보는가?

만약 당신이 자신이 아니라 배우자가 더 노력해야 한다고 생각한다면, 당신은 심각한 무지 증상에다가 이기심이라는 2차 징후로 고통받고 있을 확률이 높습니다. 잊지 마십시오. 사랑은 무례히 행하지 않고, 오히려 당신을 더 높은 기준으로 향상시킵니다.

아내나 남편이 당신이 달갑게 여기지 않는 행동을 그만두기를 바랍니까? 그렇다면 당신이 먼저 상대방을 괴롭히는 행동을 그만두어야 합니다. 당신은 배우자가 불쾌하게 여기는 행동을 찾아내어 그만둘 정도로 사려 깊고 사랑이 많은 사람이 되고 싶습니까?

함께 있으면 기분 좋은 사람이 되기 원합니까?

결혼 생활에서 예의를 실천할 수 있는 세 가지 기본 법칙을 여기에 소개합니다.

1. **황금률을 지키십시오** 당신이 대접받고자 하는 대로 배우자를 대접하십시오(눅 6:31 참고).
2. **이중 기준을 세우지 마십시오** 전혀 모르는 사람이나 직장 동료들에게 하듯이, 배우자를 배려하십시오.
3. **요구 사항을 존중하십시오** 배우자가 이미 당신에게 요구한 것을 생각해 보십시오. 잘 모르겠으면 직접 물어보십시오.

오늘의 부부수업

배우자에게 당신 때문에 불편하거나 짜증 나는 것 세 가지를 이야기해 달라고 하십시오. 상대방을 공격하거나 자신의 행동을 정당화하는 식으로 대화가 오가서는 안 됩니다. 순전히 상대방의 관점에서 비롯된 내용이어야 합니다.

☐ 오늘의 수업을 완수했으면 여기에 표시하십시오.

- 배우자가 지적한 내용은 무엇입니까?
- 배우자의 이야기를 들으면서 어떻게 반응했습니까?
- 이런 부분을 고쳐 나가기 위해 어떤 계획을 세울 수 있겠습니까?

지혜자의 입의 말들은 은혜로우나 우매자의 입술들은 자기를 삼키나니. (전 10:12)

"이 책을 시작한 지 이제 닷새째이지만, 벌써 큰 변화를 보고 있습니다. 새로운 내 모습이 참 좋습니다." _크리스

Day 06

사랑은 쉽게 화를 내지 않습니다

―――― ❖ ――――

노하기를 더디 하는 자는 용사보다 낫고, 자기의 마음을
다스리는 자는 성을 빼앗는 자보다 나으니라.

잠 16:32

사랑은 상처 주는 일은 잘 하지 않고, 상처받은 일은 쉽게 용서합니다. 당신은 얼마나 상처를 잘 받는 편입니까? "배우자의 화를 돋우는 기회는 절대로 놓치지 마라." 이런 좌우명을 지니고 사는 사람들이 있습니다. 이들은 조금만 일이 잘못되면, 기회를 놓칠세라 자신의 상처받은 마음을 토로합니다. 하지만 이것은 사랑의 행위와는 거리가 멉니다.

'화를 잘 내는, 성마른'(irritable)이라는 말은 '칼끝 가까이에 있다'라는 뜻을 가지고 있습니다. 이는 칼에 찔리기 일보 직전의 상태를 말합니다. 이런 사람들은 고집불통에, 한쪽으로 치우쳐 있으

며, 늘 과잉반응을 보입니다.

사랑은 압박을 받는다고 해서 심사가 뒤틀리지 않습니다. 사소한 문제에 호들갑스러운 반응을 보이지도 않습니다. 하나님 보시기에 정당한 이유가 있지 않은 한, 사랑은 상대방에게 화를 내거나 상처를 주지 않습니다. 사랑이 많은 남편은 차분하고 참을성 있게 자비를 보이고 성질을 죽입니다. 분노와 폭력은 있을 수 없습니다. 사랑이 많은 아내는 지나치게 예민하고 변덕스러운 반응을 보이지 않고, 감정을 절제할 줄 압니다. 가시덤불 속 한 떨기 장미가 되기로 결단하고, 바늘방석 같은 상황에서도 흔쾌히 반응합니다.

사랑의 영향력 아래에 있는 사람은, 주위 사람들에게 괴로움이 아닌 기쁨이 됩니다. 스스로 질문해 보십시오. "나는 잔잔한 산들바람입니까, 아니면 곧 들이닥칠 폭풍입니까?"

왜 사람들은 화를 냅니까? 사람들이 성급하게 분노하는 데는 두 가지 원인이 있습니다.

첫째는, '스트레스'입니다. 스트레스는 사람을 압박하고, 에너지를 소진시키며, 건강을 해치고, 괴팍한 성격의 소유자로 만듭니다. 우리는 말다툼, 분열, 쓴 뿌리 등 '관계의 문제'에서 스트레스를 받고, 또한 과로, 과장, 탕진 등 '도에 지나친 행위'에서 스트레스를 받습니다. 그런가 하면 휴식 부족, 영양 부족, 운동 부족 등 뭔가가 '부족해서' 스트레스를 받기도 합니다. 우리는 스스로 이런 비수를 자기 몸에 꽂아 화를 자초할 때가 많습니다.

인생은 단거리 경주가 아니라 마라톤입니다. 그러기에 균형과 우선순위, 삶의 속도를 스스로 조절해야만 합니다. 하지만 우리는 지금 꼭 해야 한다고 여겨지는 일을 하느라, 앞뒤 가리지 않고 전속력으로 내달릴 때가 많습니다. 얼마 못 가 우리는 숨이 차서 헐떡거리고, 곤란한 상황에 부닥쳐 지쳐 버립니다. 압박이 커질수록 참을성도 바닥나고, 관계를 견뎌 낼 재간도 없습니다.

성경은 해로운 스트레스를 피할 방법을 알려 줍니다. 사랑이 우리 관계를 인도하면 불필요한 논쟁에 사로잡히는 것을 예방할 수 있다고 가르칩니다(골 3:12-14). 고민이 있으면 혼자서 문제를 해결하려고 아등바등하지 말고 하나님께 기도하라고 말합니다(빌 4:6-7). 일이 많을 때는 다른 사람들에게 위임하고(출 18:17-23), 지나친 욕심을 부리지 말라고 경고합니다(잠 25:16).

또한 성경은 매주 하루는 예배와 휴식을 위한 '안식일'로 지키라고 권합니다. 이날을 재충전과 목표 재점검의 날로 삼아, 정신없이 돌아가는 주간 일정에 숨통을 트여 주라는 것입니다. 이러한 여유 공간은 당신과 당신을 둘러싼 압박들 사이에서 쿠션 역할을 합니다. 이 쿠션은 스트레스를 줄여 주어, 배우자에게도 훨씬 너그럽게 반응하도록 합니다.

둘째로, 사람들이 화를 내는 더 중요한 이유가 한 가지 있는데,

그것은 바로 '이기심'입니다. 사람들이 화를 내는 문제의 핵심은 주로 마음에 있습니다. 예수님은 "마음에 가득한 것을 입으로 말함이라"(마 12:34)라고 말씀하셨습니다. 레몬 같은 사람들이 있습니다. 인생의 문제들이 그들을 쥐어짜면, 시큼한 반응을 쏟아냅니다. 그런가 하면 복숭아 같은 사람들도 있습니다. 그들은 외부의 압박이 심해져도 단맛을 내놓습니다.

쉽게 화를 낸다는 것은, 사랑이 온전히 다스려야 할 곳에 이기심이나 불안정이 숨어 있다는 증거입니다. 이기심은 다양한 가면을 쓰고 나타납니다.

예를 들면, '정욕'이 그렇습니다. 가진 것에 만족하지 못하고, 금지된 불장난을 벌인 결과가 바로 정욕입니다. 정욕이 가득한 마음은 늘 불만스럽고 쉽사리 분을 냅니다(약 4:1-3). 또한 남을 판단하거나 분노하는 감정을 정리하지 않으면, '악독함'이 뿌리를 내립니다. 쓴 뿌리를 키운 사람의 해결되지 못한 분노는 외부에서 자극을 받을 때 밖으로 터져 나옵니다(엡 4:31). 더 많은 돈과 재산을 손에 넣으려는 '탐욕'은 늘 충족되지 못한 욕구로 사람들을 괴롭힙니다(딤전 6:9-10). 불만족과 짝을 이룬 이 강한 열망은 자신을 방해하는 모든 사람에게 분노를 쏟아붓습니다. 한편 '강한 자존심'은 자아와 명성을 보호하기 위해 매몰찬 행동도 마다하지 않습니다. 당혹감에 대한 두려움이 과잉반응을 일으키는 것입니다.

이와 같은 동기들은 결코 만족될 수 없습니다. 그러나 마음속에 사랑이 들어오면, 사람은 안정을 찾고 자신에게만 몰두하는 일을 그만두게 됩니다. 사랑하는 마음은 움켜쥔 손을 펴서 불필요한 것들을 놓아 줍니다.

사랑은 원한을 품지 않고 용서합니다. 욕심부리지 않고 만족합니다. 경솔하게 더 빛을 내기보다 자족하는 마음을 품습니다. 사랑할 줄 아는 사람은 사촌이 땅을 살 때 질투심으로 배 아파 하지 않고 진심으로 함께 기뻐해 줍니다. 사랑은 "친척들과 싸우라"고 말하지 않고 "유산을 서로 나누라"고 조언해 줍니다. 사랑은 직장에서 승진하기 위해 가족을 희생시키지 않고, 가정을 최우선 순위에 둡니다. 크고 작은 결정에서 사랑은 스트레스를 줄여 주며, 독약 같은 앙심을 내면에 쌓지 않고 배출할 수 있도록 도와줍니다. 사랑은 분노 대신 인내와 격려로 배우자를 대하도록 마음을 준비시켜 줍니다.

오늘의
부부수업

오늘 하루 동안은 어떤 상황이 와도 화부터 내지 말고 사랑으로 반응하십시오. 오늘 일정 중에 여유 공간을 넣을 곳은 어디인지 목록을 작성해 보십시오. 그런 다음에 당신의 삶에서 퇴출시켜야 할 잘못된 동기가 있다면 적어 보십시오.

☐ 오늘의 수업을 완수했으면 여기에 표시하십시오.

- 당신의 일상에서 좀 더 여유가 필요한 부분은 어디입니까?
- 최근에 과민 반응을 보인 일은 없습니까?
- 그런 과민 반응의 배후에 숨은 진짜 동기는 무엇입니까?
- '가장 좋은 것'에 최우선 순위를 두기 위해 당신이 거절해야 할 '좋아 보이는 것들'에는 무엇이 있습니까?

이것으로 말미암아 나도 하나님과 사람에 대하여
항상 양심에 거리낌이 없기를 힘쓰나이다. (행 24:16)

"이 책은 날마다 내가 인내하고 친절하며
사랑하는 마음을 품을 수 있도록 계속해서 도와줍니다." _젠

Day 07

사랑은 믿습니다

[사랑은] 모든 것을 믿으며 모든 것을 바라며.
고전 13:7

우리 마음속 깊숙하고 은밀한 복도에는 방이 하나 있습니다. 그 방의 이름은 '인정의 방'입니다. 배우자에게서 긍정적이고 고무적인 것을 발견하면 당신의 생각은 그곳에 미칩니다. 당신은 이 특별한 장소에 즐겨 방문합니다.

그 방 벽에는 배우자의 장점을 묘사한 칭찬이 빼곡하게 적혀 있습니다. '정직하다', '똑똑하다', '부지런하다', '요리를 잘한다', '눈이 예쁘다' 같은 표현들이 보입니다. 이런 표현들은 당신이 발견한 배우자의 특징들로, 기억 속에 뚜렷이 각인되어 있습니다. 남편이나 아내의 이런 모습을 떠올리면, 배우자에 대한 감사거리가 더 많아집니다. 실제로, 배우자의 장점을 더 많이 생각할수록, 배우자를 향한 감사의 마음도 커집니다.

인정의 방에서 볼 수 있는 글귀들은 대부분 상대방을 처음 만나기 시작했을 때 기록한 것입니다. 당신은 사랑하는 사람의 장점이나 존경할 만한 점을 그런 식으로 요약할 수 있었습니다. 모두 사실이고 훌륭하고 좋은 것들이었습니다. 당신은 이 방에서 상대방의 장점을 생각하며 많은 시간을 보냈습니다. 결혼하기 전까지는…. 하지만 결혼 후에는 이 특별한 방을 방문하는 횟수가 전보다 줄어듭니다. 그 방 옆에 또 다른 방이 생겼기 때문입니다.

더 깊숙한 마음속 어둑어둑한 곳에 '멸시의 방'이 자리 잡습니다. 안타깝게도 당신은 그곳도 방문하기 시작합니다. 그 방 벽에는 당신이 불편하게 여기는 배우자의 단점이 가득 적혀 있습니다. 좌절과 상처받은 감정, 기대에 어긋난 실망감 등에서 비롯된 것들입니다.

이 방에는 남편이나 아내의 약점과 실패가 줄줄이 적혀 있습니다. 배우자의 나쁜 습관, 상처를 준 말, 경솔한 결정 등이 큰 글씨로 벽을 한가득 메우고 있습니다. 이 방에서 시간을 좀 보내면, 당신은 곧 기분이 가라앉아서 이런 말들을 내뱉을 것입니다. "우리 아내는 너무 이기적이야.""우리 남편은 너무 무심해.""내가 결혼을 잘못했나 봐."

어떤 사람들은 이 방에 심한 말을 잔뜩 적어 놓고는, 다음번 말다툼을 위해 연습을 하기도 합니다. 벽에 뼈아픈 말을 추가할수록 감정의 상처는 더 곪아갑니다. 이곳에서는 다음 전투에 대비한 무기가 차곡차곡 저장되고, 쓰라린 상처가 전염병처럼 퍼집니다. 사람들은 이곳에서 사랑을 잃어버립니다.

하지만 기억하십시오. '멸시의 방'에서 시간을 보내면 결혼 생활은 죽음에 이르게 됩니다. 사람들은 이 방에서 이혼을 구상하고, 극단적인 계획을 세웁니다. 이곳에서 보내는 시간이 길어질수록, 배우자를 더 하찮은 존재로 여기게 됩니다. 이 방에 들어서는 순간 배우자를 경시하는 마음이 시작되며, 시간이 흐를수록 배우자를 아끼는 마음은 자취를 감춥니다.

"이게 바로 그 사람의 진짜 모습인걸요!" 하고 핑계를 대는 사람이 있을지도 모릅니다. 하지만 '인정의 방'에 적힌 내용도 사실이기는 마찬가지입니다. 사람은 누구나 실수를 저지르고, 성장이 필요한 영역이 있습니다. 해결하지 못한 문제와 상처, 짐이 없는 사람은 아무도 없습니다. 인간이라면 누구나 이런 슬픈 측면을 지니고 있습니다. 모든 사람은 죄인입니다. 그런데 우리는 안타깝게도 자신의 약점은 하찮게 여기고, 상대방의 실패는 확대 해석하는 경향이 있습니다.

진짜 문제가 무엇인지 차분하게 생각해 보십시오. 사랑은 '멸시의 방' 따위는 없다고 부정하지 않습니다. 그렇지만 사랑은 그 방에 눌러살지 않기로 작정합니다.

두 사람 사이에 실망스러운 일이 생길 때 그 방으로 곧장 달려가 하릴없이 세월을 보내지 않겠다고 결단해야 합니다. 그것은 무익할 뿐 아니라, 결혼 생활의 기쁨을 모두 앗아가 버립니다.

사랑은 상대방의 최선을 믿는 것입니다. 사랑은 무슨 일이든지 상대방에게 유리한 쪽으로 생각합니다. 분명하지 않은 부분을 부정적으로 가정하지 않습니다. 또한 우리가 예상했던 최악의 경우가 현실로 드러났을 때에도, 문제를 해결하기 위해 최선을 다하고 앞으로 나아갑니다. 사랑은 될 수 있으면 긍정적인 면에 초점을 맞춥니다.

이제부터는 다른 방향으로 생각하십시오. 당신의 사고와 초점을 사랑에 집중하십시오. 당신이 '멸시의 방' 문 앞에서 기웃거려야 할 유일한 이유는, 배우자를 위한 기도 제목을 파악하기 위해서입니다. 만약 그 방에 꼭 들어가야 할 이유가 있다면, 벽을 가로질러 대문짝만한 글씨로 '사랑으로 해결했음'이란 글씨를 남기기 위해서입니다.

이제는 '인정의 방'으로 가서 자리를 잡고 정착하십시오. 일단 상대방의 장점을 생각하기로 결단한다면, 훨씬 더 많은 놀라운 성품을 벽에 남길 수 있을 것입니다. 당신의 배우자는 살아 숨 쉬는,

끝이 없는 책입니다. 그 책에는 당신이 미처 발견하지 못한 꿈과 희망이 담겨 있습니다. 숨겨진 보물 같은 재능과 능력이 들어 있습니다. 하지만 그것을 탐색하는 일은 당신의 결정에 달려 있습니다.

우리는 상대방에 대한 부정적인 사고를 억제하고, 장점에 초점을 맞추는 습관을 개발해야 합니다. 이것이야말로 배우자를 진정으로 사랑하는 법을 배울 때 절대 빠뜨릴 수 없는 아주 핵심적인 단계입니다. 배우자가 어떠한 사람이건, 당신은 이것을 결정해야 합니다.

오늘의 부부수업

오늘의 수업을 위해서 종이 두 장을 준비하십시오. 한 장에는 배우자의 장점을 적고, 다른 한 장에는 배우자의 단점을 적으십시오. 다 쓴 다음에는, 내일의 수업을 위해 보이지 않는 곳에 잘 보관하십시오. 종이마다 다른 목적과 계획이 있습니다. 오늘 중 아무 때나 장점이 적힌 종이를 꺼내, 거기에 적힌 배우자의 장점에 대해 상대방에게 감사하는 시간을 가지십시오.

☐ 오늘의 수업을 완수했으면 여기에 표시하십시오.

───∞───

- 둘 중 어떤 목록을 작성하기가 더 수월했습니까?
- 그것은 당신의 어떤 생각을 드러내 줍니까?
- 배우자의 성품 중에 어떤 장점에 감사를 표현했습니까?

덕이 되고 칭찬할 만한 것이면, 이 모든 것을 생각하십시오. (빌 4:8, 새번역)

"너무 오랫동안 남편의 실패만 들여다보느라 시간을 다 허비했어요.
제 주변에 활짝 핀 아름다운 정원은 못 보고 있었네요."_미셸

Day 08

사랑은 질투하지 않습니다

> 사랑은 죽음같이 강하고, 그 질투는 무덤같이 끈질기니,
> 그 사랑은 불꽃처럼, 강력한 불길처럼 타오르네.
>
> 아 8:6, 쉬운성경

질투는 인간이 지닌 욕구 중에서 매우 강력합니다. 질투라는 영어단어 'Jealousy'는 '열심'(zeal)이라는 어근에서 나왔는데, 이 어근의 의미는 '큰불로 타오른다'입니다. 성경은 "분노는 잔인하고 진노는 범람하는 물과 같다고 하지만, 사람의 질투를 누가 당하여 낼 수 있으랴?"(잠 27:4, 새번역)라고 예리하게 진단합니다.

질투에는 두 가지 형태가 있습니다. 사랑에 근거한 '정당한' 질투가 있고, 시기심에 근거한 '부당한' 질투가 있습니다. 사랑하는 사람이 다른 사람에게 마음을 돌릴 때 정당한 질투심이 발동합니다. 아내가 불륜을 저지를 때, 남편이 질투심에 사로잡혀 화를 내는 것은 온당한 처사입니다. 아내를 사랑하기 때문입니다. 남편은 원래 자신의 것을 되찾고 싶어 합니다.

성경은 하나님도 자기 백성을 향해 이와 같은 의로운 질투심을 품으신다고 말합니다. 우리가 가진 것을 시기해서 하나님이 '샘을 내시는' 것이 아닙니다(하나님은 이미 만물의 주인이십니다). 우리가 그분을 첫사랑으로 간직하기를 간절히 '바라시기' 때문입니다. 하나님은 우리가 그분을 최우선 순위에 두기를 원하십니다. 하나님은 그분만이 우리의 가장 큰 희망이며, 우리의 가장 깊은 필요를 채워 주실 분임을 아십니다. 그래서 우리가 다른 어떤 것도 그분보다 우선시하기를 원치 않으십니다. 성경은 하나님 이외에는 다른 어떤 것도 섬기지 말라고 우리에게 경고하는데, "네 하나님 여호와는 소멸하는 불이시오, 질투하시는 하나님"(신 4:24)이기 때문입니다.

이 점을 염두에 두고, 이제는 사랑과 정반대인 부당한 종류의 질투심, 즉 이기심에 근거한 질투심을 살펴보겠습니다. 이는 '남을 시기하여' 질투하는 것입니다.

다른 사람을 질투하는 마음 때문에 괴로웠던 적이 있습니까? 나보다 더 인기가 많은 친구가 미워집니다. 동료가 승진하면 그날 밤 잠을 이루지 못합니다. 그 사람 잘못은 아니지만, 동료가 잘되니 배가 아픕니다. 사람들이 남의 성공을 축하해 주는 경우는, 자기보다 덜 성공한 사람에 한정될 뿐입니다.

질투는 모든 사람의 고민거리입니다. 남이 나를 앞질러서 내가 원하는 것을 가로챌 때 질투가 폭발합니다. 당신이 얼마나 이기적인 사람인지에 따라 이것은 당신에게 큰 고통이 될 수도 있습니다. 나보다 잘 나가는 사람들에게 박수를 보내지는 못할망정, 길길이 화를 내면서 원망합니다. 조심하지 않으면, 질투가 독사처럼 마음속에 기어들어 와 당신 마음의 동기와 관계를 공격합니다. 독사의 독에 감염되면, 하나님이 원하시는 사랑의 삶을 살 수 없습니다.

사랑을 배워 분노를 누그러뜨리지 않는 한, 상대방에게 해를 끼치는 일을 꾀하게 될지도 모릅니다. 성경은 싸움과 다툼과 모든 악한 일이 시기심에서 비롯된다고 말합니다(약 3:16; 4:1-2).

성경 전체에는 폭력으로 이어진 질투심의 사례가 끊임없이 등장합니다. 인류 최초의 살인도 시기심이 발단이었습니다. 가인은 하나님이 동생의 제사만 받으시자 심히 분노했습니다. 아이가 없었던 사라는 몸종 하갈이 임신하자 멀리 쫓아 보냈습니다. 요셉의 형제들은 아버지가 요셉만 특별히 사랑하는 것을 보고 그를 구덩이에 던졌다가 종으로 팔았습니다. 대제사장들은 예수님이 자신보다 대중에게 더 많이 사랑받고 권력을 행사하는 것을 보고 시기하여 그분을 배신하고 십자가에 못 박았습니다.

나와 전혀 상관없는 낯선 사람에게 질투를 느끼는 경우는 별로 없습니다. 우리의 질투심을 유발시키는 대상은 주로 우리의 생활

반경 안에 있는 사람들입니다. 함께 일하는 직장 동료, 경쟁 팀 운동선수, 자주 만나는 친구, 그리고 당신과 한집에 사는 사람…. 주의하지 않으면, 질투가 결혼 생활을 좀먹습니다.

당신은 결혼하면서 배우자의 가장 훌륭한 치어리더이자 팬클럽 회장이라는 역할을 받았습니다. 두 사람은 하나 되어, 함께 기쁨을 나누었습니다. 하지만 이기심이 끼어들면, 부부 중 어느 한 사람에게 좋은 일이 생길 때 함께 축하하지 못하고 질투심만 유발하게 됩니다.

남편은 주말에 골프를 즐기고, 아내는 집에서 종일 청소를 합니다. 집에 돌아온 남편은 장타를 쳤다며 자랑이 이만저만이 아니지만, 아내는 남편에게 장타라도 날리고 싶은 심정입니다.

혹은 아내가 친구들과 밖에서 신나게 어울리는 동안, 개와 함께 빈 집을 지키는 남편이 있을 수도 있습니다. 남편이 마음을 잘 다스리지 않으면 인기 좋은 아내에게 분풀이만 하게 되고, 아내는 남편이 개만 챙긴다고 화를 낼 것입니다.

사랑은 이기적이지 않고 남을 먼저 배려하기에, 질투심이 틈탈 새가 없습니다. 사랑은 배우자의 성공에 화를 내기보다는 함께 기뻐해 줍니다. 사랑이 많은 남편은 아내의 능력이 뛰어나거나, 아내가 밖에서 즐겁게 지내거나, 아내에게 시선이 집중되는 것을 개의치 않습니다. 아내는 경쟁 상대가 아니라 서로 보완해 주는 존재이기 때문입니다.

칭찬받을 일이 있으면, 내조를 아끼지 않은 아내에게 공을 돌립니다. 자기 자랑만 늘어놓아 아내가 남편에게 분개하는 일이 없게 합니다. 사랑이 많은 아내는 남편에게 좋은 일이 생기면 가장 먼저 기뻐해 줄 사람입니다. 그런 아내는 자신의 약점을 남편의 강점과 비교하지 않습니다. 아내는 남편을 위해 기꺼이 축하 파티를 엽니다.

이제, 사랑과 겸손과 감사로 마음속의 질투를 녹여 내십시오. 배우자의 성공을 두 사람이 더욱 가까워지고, 진심으로 축하할 수 있는 기회로 삼으십시오.

오늘의 부부수업

배우자의 열성 팬이 되어 질투심을 품지 않기로 결단하십시오. 배우자와 그가 이룬 성취에만 집중할 수 있도록, 어제 작성했던 배우자의 단점 목록을 찢어 버리십시오. 그런 다음, 최근 남편이나 아내에게 생긴 좋은 일 때문에 당신이 얼마나 기쁜지 이야기해 주십시오.

☐ 오늘의 수업을 완수했으면 여기에 표시하십시오.

- 배우자의 단점 목록을 없애는 것이 힘들지는 않았습니까?
- 배우자의 삶 가운데 함께 축하할 수 있는 긍정적인 일은 무엇입니까?
- 배우자가 앞으로 성공할 수 있도록 당신은 어떻게 격려할 수 있습니까?

즐거워하는 자들과 함께 즐거워하고, 우는 자들과 함께 울라. (롬 12:15)

"이 여정에서 나 자신에 대해 이렇게 많이 배우게 될 줄은 몰랐어요."_세릴

Day 09

사랑은 좋은 인상을 줍니다

너희는 사랑의 입맞춤으로 서로 문안하라.

벧전 5:14

    병사들은 경례를 하고, 왕은 고개를 끄덕입니다. 아는 사람끼리는 손을 흔들고, 친구 사이에는 악수를 합니다. 연인끼리는 입을 맞추고, 가족끼리는 안아 줍니다. 이처럼 서로 인사하는 모습을 보면 어떻게 관계를 맺고 적절한 애정과 존경심을 표현하는지를 엿볼 수 있습니다. 관계의 성격과 친밀함에 따라 인사법이 달라지는 것입니다.

    부부가 서로 인사하는 방식은, 현재의 결혼 상태가 어떠한지에 대해 많은 것을 보여 줍니다. 아내의 미소에서, 남편의 목소리에서, 부드러운 터치에서 우리는 그것을 느낄 수 있습니다. 혹은 그런 것이 없을 때에도 말입니다.

인사는 관계의 건강 상태를 측정하는 리트머스 시험지가 될 수 있습니다. 한번 생각해 보십시오. 당신과 배우자는 서로 인사하는 모습 속에서 어떤 부부 관계를 드러냅니까? 서로 배려하는 관계입니까, 냉담한 관계입니까? 당신의 인사법은 상대방이 당신을 보고 싶게 만듭니까?

어떤 사람들은 가식적으로 보이기 싫어서 따뜻한 인사를 건네지 않기도 합니다. 그런 사람들은 "내 감정에 충실할 뿐이에요"라고 주장합니다. 하지만 마음은 정반대일지라도 우리가 친절해야 할 이유는 충분한데, '사랑'은 그중에서도 가장 큰 이유입니다. 인사는 관계의 현 상황을 반영하기도 하지만, 미래의 건강한 관계에 대한 투자가 될 수도 있습니다.

역사를 보면, 유대인들은 효과적인 인사법의 힘을 잘 알고 있었던 것 같습니다. 성경에서 200회 이상 사용된 '샬롬'(shalom, 평화 혹은 평온이라는 뜻)이라는 말은, 다른 사람들에게 인사를 건네기 위해 만들어진 단어였습니다. 사람들은 이 단어를 사용하여 "너는 평강하라, 네 집도 평강하라, 네 소유의 모든 것도 평강하라"(삼상 25:6)라는 뜻을 전했습니다. 지금도 쓰이는 이 말은, 일상적인 인사가 적극적인 축복으로 변할 수 있다는 것을 잘 보여 줍니다.

배우자에게 '샬롬'이라고 인사할 필요는 없지만, 날마다 5초 동안 배우자와 적극적으로 인사를 나눈다면 부부 관계에 장기적인 축복이 될 수 있습니다. 이런 인사는 "나는 당신을 마지못해 견디고 있어요"라는 메시지가 아닌, "당신은 내게 소중한 사람입니다"라는 메시지를 전달해 줍니다.

예수님은 이방인들도 자기가 좋아하는 사람에게는 친절하게 말을 건넨다고 하셨습니다. 그런 일은 누구라도 할 수 있습니다. 하지만 예수님은 원수에게 친절히 말을 건넬 정도로 겸손하고 상냥한 사람이야말로 진정한 하나님의 자녀라고 말씀하셨습니다.

이 말씀은 흥미로운 질문을 제기합니다. 당신은 친구와 동료, 이웃에게 어떻게 인사합니까? 길거리에서 만난 얼굴만 아는 사람에게는 어떻습니까? 별로 좋아하지는 않지만, 예의상 아는 체해야 하는 사람을 만날 수도 있습니다.

남들에게도 그렇게 예의를 갖춘다면, 당신의 배우자도 그 정도 대우는 받아야 하지 않겠습니까? 그것의 열 배 정도라면 어떻겠습니까?

이런 인사는 아침에 일어나자마자 처음으로 건네는 말, 차에 타면서 짓는 표정, 통화할 때 목소리에서 느껴지는 힘처럼 그리 어렵지 않은 것들입니다. 당신이 배우자를 보며 진심으로 기뻐한다는 사실을 온몸으로 표현할 때, 상대방의 하루가 어떻게 달라질지 상상해 보십시오.

기분 좋은 인사는 긍정적이고 건강한 상호작용의 기초가 됩니다. 사랑과 마찬가지로, 인사는 상대방에게 가치 있다는 느낌을 주고, 더 좋은 관계로 향하도록 이끌어 줍니다.

예수님이 말씀하신 탕자 이야기를 생각해 보십시오. 아버지께 반항한 젊은 아들은 유산을 미리 챙겨서 흥청망청 탕진했습니다. 얼마 못 가 이 잘못된 선택이 그의 발목을 잡았고, 결국 돼지우리에서 남은 여물을 먹는 신세가 되었습니다. 마음이 가난해진 아들은 집으로 돌아가 아버지에게 어떻게 사죄의 말씀을 드릴지 미리 연습했습니다. 그런데 이 아들은 아버지에게서 전혀 예상하지 못한 인사를 받았습니다. "아직도 거리가 먼데 아버지가 그를 보고 측은히 여겨 달려가 목을 안고 입을 맞추니"(눅 15:20).

이는 머릿속에 떠올려 본 수많은 시나리오 중에서, 가장 예상치 못한 장면이었습니다. 아들을 품에 안고 감사하는 아버지의 목소리를 들은 아들의 기분은 어떠했겠습니까? 그는 자신이 사랑받는 존재이며, 소중한 존재라는 사실을 확실히 믿게 되었을 것입니다. 이것이 부자 관계에 어떤 변화를 가져왔으리라 생각합니까?

- 어떤 종류의 인사가 당신의 배우자에게 이런 느낌을 가져다줄 수 있겠습니까? 어떻게 하면 단순한 말 한마디와 몸짓, 부드러운 말투로 배우자의 다양한 감각을 기분 좋게 자극할 수 있겠습니까? 사랑이 담긴 인사말은 시각과 청각과 촉각을 통해 상대방에게 매

일 축복을 전달해 줍니다. 당신은 돈 한 푼 들이지 않고도 값을 매길 수 없는 소중한 경험을 만들 수 있습니다.

정기적으로 이런 인사를 건넬 기회를 생각해 보십시오. 귀가할 때 현관에서, 점심 식사를 같이 하기 위해 만날 때, 잘 자라고 인사할 때, 전화 통화할 때…. 매번 대단하고 인상적인 인사말을 챙기려고 애쓸 필요는 없습니다. 그저 따뜻하고 열정적인 말 한마디로도 당신은 상대방의 마음을 예상치 못한 방법으로 어루만져 줄 것입니다.

남편이나 아내를 잃고 혼자 된 사람 중에는 한 번만 더 배우자와 인사하고, 입 맞추고, 안아 줄 수 있다면 얼마나 좋을까 하고 아쉬움을 토로하는 이들이 많습니다. 아무도 내일을 기약할 수 없기에, 날마다 주어지는 새날은 하나님이 사랑하고 누리라고 우리에게 허락해 주신 귀한 선물입니다.

당신의 인사말을 되돌아보십시오. 당신은 인사를 잘하는 편입니까? 상대방이 가치 있고 존중받는다는 느낌을 받습니까? 사랑받는다고 느낍니까? 별로 사이가 좋지 않은 때라 하더라도, 축복의 마음을 담은 당신의 인사는 긴장을 완화하고 관계를 돌이킬 수 있습니다. 사랑은 선택이라는 사실을 잊지 마십시오. 그러니 당신의 인사법을 바꾸기로 결단하십시오. 사랑하기로 결단하십시오.

오늘의 부부수업

오늘 배우자에게 건넬 특별한 인사법을 생각해 보십시오. 얼굴에 미소를 띠고 열정적으로 인사하십시오. 그런 다음에는, 날마다 당신의 인사에 더 많은 사랑을 드러내기로 결단하십시오.

☐ 오늘의 수업을 완수했으면 여기에 표시하십시오.

- 당신의 특별한 인사법을 언제, 어디서 실천했습니까?
- 배우자는 어떻게 반응했습니까?
- 이제부터 인사법을 어떤 식으로 바꾸고 싶습니까?

내가 너의 사랑으로 많은 기쁨과 위로를 받았노라. (몬 7절)

"나는 이 여정을 끝까지 계속하여, 아내를 대하는 나의 태도와 우리 결혼 생활을 바꾸고 싶습니다." _스티브

Day 10

사랑은 무조건적입니다

우리가 아직 죄인 되었을 때에 그리스도께서 우리를 위하여 죽으심으로
하나님께서 우리에 대한 자기의 사랑을 확증하셨느니라.

롬 5:8

누군가 "왜 아내를(남편을) 사랑하십니까?"라고 묻는다면, 당신은 무슨 말로 대답하겠습니까?

많은 사람이 아내의 미모나 유머감각, 친절, 강인한 내면을 꼽을 것입니다. 또는 음식 솜씨가 뛰어나서, 집 안을 잘 꾸며서, 아이들에게 좋은 어머니라서 등의 이유를 드는 사람도 있을 것입니다.

여자들은 남편의 준수한 외모나 성격을 거론할지도 모르겠습니다. 꾸준하고 일관된 성품을 칭찬할 수도 있고, 무슨 일이 있어도 자기 곁에 있어 줄 사람이라서 사랑한다고 대답하는 사람도 있을 것입니다. 후한 사람이라서, 외조를 잘해서라고 답할 사람도 있습니다.

 그런데 세월이 흘러서, 아내나 남편이 지금의 모습과 달라진다면 어떻겠습니까? 그래도 여전히 배우자를 사랑하겠습니까? 사람들이 앞서 대답한 내용에 근거한다면, "아니오"라는 답이 나올 수밖에 없습니다. 남편이나 아내의 특정한 자질(시간이 흐르면서 갑자기 혹은 서서히 사라지게 마련인) 때문에 사랑한다면, 사랑의 기초는 금방 무너지고 말 것입니다. 평생 사랑을 지속할 수 있는 유일한 방법은 조건 없는 사랑을 베푸는 것입니다. 오래 지속되는 사랑은, 사랑을 '받는' 사람이 아니라 사랑하기로 '결단하는' 사람에 의해 좌우됩니다.

 성경은 '아가페'라는 헬라어를 사용하여 이런 종류의 사랑을 언급합니다. 아가페 사랑은 '필레오'(우정)와 '에로스'(성적인 사랑) 같은 다른 유형의 사랑과는 차별화됩니다. 물론 우정과 성은 결혼 생활에서 중요하며, 남편과 아내가 함께 지어 가는 집에서 필수불가결한 부분이기는 하지만, 공통의 관심사나 건강한 성생활에만 의존하는 관계는 불안정한 기초 위에 놓인 집과 같습니다.

 '필레오'와 '에로스'는 본질상 반응적이어서 감정에 좌우될 수 있습니다. 어떤 사람이 "당신과 사랑에 빠졌어요"라고 말한다면, 이는 '필레오'나 '에로스'의 사랑을 뜻합니다. 이런 사랑은 주변 환경에 휘둘리기 쉽고 변덕스럽습니다.

평생 여러 사람과 사랑할 수도, 멀어질 수도 있다는 점을 인식하는 것이 중요합니다. 그래서 우리는 다른 사람에게로 향하는 마음을 지켜서, 배우자에게만 오롯이 마음을 주어야 합니다.

당신이 배우자와 얼마나 잘 지내고 관계에 투자하느냐에 따라, 배우자와의 사랑도 평생 수백 번씩 싹트기도 하고 말라 버리기도 합니다. '사랑'이라는 감정은 세월이 흐르면서 만끽되기도 하고, 다시 타오르기도 하는 것입니다. 하지만 그러한 감정에 따라 결혼 생활에 대한 헌신도가 좌우되어서는 안 됩니다.

반대로, '아가페' 사랑은 사심이 없고 조건이 없으며 막을 수 없습니다. 아가페 사랑은 감정이 아니라, 선택과 헌신에 기초합니다. 따라서 이런 사랑이 결혼 생활의 기초를 이루지 않으면, 세월이 흐르면서 부부 관계는 무너지고 말 것입니다. 아가페 사랑은 '건강할 때나 아플 때나, 부할 때나 가난할 때나, 좋을 때나 궂을 때나' 함께하는 사랑입니다. 이런 사랑이야말로 '지속적이고 변하지 않는 진짜 사랑'입니다.

하나님의 사랑이 바로 이런 종류의 사랑입니다. 하나님이 우리를 사랑하시는 까닭은 우리가 사랑받을 만한 자격이 있어서가 아닙니다. 하나님이 사랑이 충만한 분이시기 때문입니다. 성경은 "사랑은 여기 있으니 우리가 하나님을 사랑한 것이 아니요, 하나님이 우리를 사랑하사 우리 죄를 속하기 위하여 화목제물로 그 아들을 보내셨음이라"(요일 4:10)라고 말합니다. 만약에 하나님이 우리에게 사랑받을 만한 존재임을 스스로 증명해 보이라고 하셨다면, 우리는 모두 실패했을 것입니다. 하지만 하나님의 사랑은 온전히 그분 편에서 작정하신 선택입니다. 우리는 하나님의 사랑을 받아 그 사랑을 다른 사람들과 나눕니다. "우리가 사랑함은 그가 먼저 우리를 사랑하셨음이라"(요일 4:19).

어떤 남자가 아내에게 "이제 더 이상 당신을 사랑하지 않아요"라고 말한다면, 그 사람은 사실상 "나는 처음부터 당신을 조건 없이 사랑한 적이 없습니다"라고 고백하는 것과 같습니다. 그 남자의 사랑은 헌신이 아니라 감정이나 환경에 기초한 것입니다. '필레오'나 '에로스'의 사랑에 기반을 둔 결혼 생활은 이런 결론에 도달할 수밖에 없습니다. 결혼 생활에는 단순한 우정이나 성적인 매력보다 더 강력한 기초가 있어야만 합니다. 조건 없는 사랑, 즉 '아가페' 사랑은 시간이나 환경에 휘둘리지 않습니다.

그렇다고 해서, 잘못된 동기로 시작한 사랑이 회복될 수 없다는 말은 아닙니다. '아가페'를 기반으로 결혼 생활을 재건축하면, 우정과 로맨스의 측면도 이전보다 더 깊어집니다. 확고한 헌신에 기초하여 배우자를 최고의 친구와 연인으로 삼는다면, 다른 어떤 방법으로도 얻을 수 없는 친밀함의 극치를 경험할 것입니다.

그러나 두 사람 사이에 하나님의 사랑이 자라나지 않는 상태에서 이런 종류의 결혼 생활을 유지하기란 하늘의 별을 따는 것처럼 어렵습니다. '모든 것을 참으며, 모든 것을 믿으며, 모든 것을 바라며, 모든 것을 견디는'(고전 13:7) 사랑은 내 안에서 나오지 않습니다. 오직 하나님에게서 옵니다(요일 4:7-16).

성경은 "사망이나 생명이나 천사들이나 권세자들이나 현재 일이나 장래 일이나 능력이나 높음이나 깊음이나 다른 어떤 피조물이라도 우리를 우리 주 그리스도 예수 안에 있는 하나님의 사랑에서 끊을 수 없으리라"(롬 8:38-39)라고 말합니다. 이것이 바로 하나님의 사랑입니다. 그리고 감사하게도, 당신이 선택하기만 하면 '당신의' 사랑이 될 수 있습니다. 하지만 그러기 위해서는 우선 그 사랑을 받고 나누어야 합니다.

그렇게 되면 당신 부부는 환경이나 감정과 상관없이, 그 사랑을 누리며 자신 있게, 안전하게 살아갈 수 있습니다. 이제는 더 이상 "~때문에 당신을 사랑해요"라고 말하지 않고 "무조건 당신을 사랑합니다"라고 말하게 될 테니 말입니다.

오늘의 부부수업

오늘 하루 동안 배우자를 위해 특별한 일을 해보십시오. 당신의 사랑이 결단에서 비롯되었음을 보여 줄 수만 있다면 무슨 일이든 좋습니다. 세차하기, 화장실 청소하기, 남편이 제일 좋아하는 디저트 사기, 빨래 개기 등 당신이 상대방의 배우자라서 행복하다는 메시지를 전할 수 있는 사랑을 실천하십시오.

☐ 오늘의 수업을 완수했으면 여기에 표시하십시오.

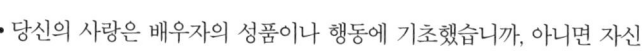

- 당신의 사랑은 배우자의 성품이나 행동에 기초했습니까, 아니면 자신의 헌신에 기초했습니까?
- 어떻게 하면 배우자로부터 기대했던 보상이 돌아오지 않을 때에도 사랑을 지속적으로 표현할 수 있습니까?

주님을 의지하는 자에게는 주님의 한결같은 사랑이 넘칠 것이다. (시 32:10, 쉬운성경)

"우리는 잘못된 길로 벗어날 때 둘 다 이 책을
처음부터 끝까지 다시 하기로 약속했습니다."_미셸

Day 11

사랑은 소중히 여깁니다

이와 같이 남편들도 자기 아내 사랑하기를 자기 자신과 같이 할지니
자기 아내를 사랑하는 자는 자기를 사랑하는 것이라.

엡 5:28

다음 두 시나리오를 잠시 생각해 보십시오.

어떤 사람이 오래된 차에 문제가 생겨서 정비소에 갑니다. 정비공은 차를 살펴보더니 완전히 뜯어고쳐야 한다고 말합니다. 감당할 수 없을 정도로 큰 비용이 들기에, 차 주인은 폐차하고 새 차를 사기로 합니다. 합리적인 결정이지 않습니까?

또 다른 사람이 있습니다. 엔지니어인 그는 장비를 만지다가 실수로 손이 끼고 말았습니다. 급히 병원으로 달려가서 엑스레이 검사를 했더니, 뼈가 한두 개 부러진 게 아니라고 합니다. 통증도 심하고 낙심이 되었지만, 그는 기꺼이 저축통장을 털어 치료를 받고 깁스를 합니다. 그리고 이후 몇 달 동안은 뼈가 잘 붙을 수 있도록 조심조심 활동합니다. 이 또한 합리적인 결정처럼 보입니다.

우리 사회의 문제점은 결혼을 처음의 시나리오처럼 다루는 경우가 많다는 것입니다. 폐기할 수 있는 소유물로 여기는 것입니다. 사람들은 조금만 어려운 일이 생겨도 배우자를 '새 모델'로 교체하려고 합니다. 하지만 이런 시각을 견지하는 사람들은 부부의 의미 있는 연합에 대해 조금도 알지 못합니다. 사실 결혼은 마지막 시나리오와 더 비슷합니다. 우리는 배우자의 일부입니다. 부상을 당했다면, 손을 잘라내지 않고 가능한 모든 비용을 다 지불해서 최선의 치료를 받으려 할 것입니다. 그 손이 당신 몸의 일부이며 매우 귀하기 때문입니다.

배우자도 마찬가지입니다. 결혼은 하나님이 창조하신 아름다운 비밀입니다. 두 사람은 결혼을 통해 육체적으로뿐 아니라 영적으로, 정서적으로 하나가 됩니다. 그들은 같은 집에서 같은 침대를 사용하며, 같은 식탁에서 먹고 마시기 시작합니다. 각자 개인으로서 지녔던 정체성이 하나가 됩니다. 둘 중 한 사람이 직장에서 성공하면, 함께 기뻐합니다. 둘 중 한 사람이 아픔을 겪으면, 함께 고통을 느낍니다. 그러나 언제부터인가 당신은 상대방에게 실망하고 고통스러워합니다. 관계가 어긋나기 시작합니다. 매우 불완전한 사람과 결혼했다는 냉엄한 현실을 깨닫기 시작합니다.

그러나 배우자가 당신의 일부라는 사실에는 변함이 없습니다. 에베소서 5장 28-29절은 "이와 같이 남편들도 자기 아내 사랑하기를 자기 자신과 같이 할지니 자기 아내를 사랑하는 자는 자기를 사랑하는 것이라. 누구든지 언제나 자기 육체를 미워하지 않고 오직 양육하여 보호하기를 그리스도께서 교회에게 함과 같이 하나니"(엡 5:28-29)라고 말합니다.

여기서 '보호하다'(cherish)는 '따뜻하게 돌보다'라는 뜻입니다. 외롭고 춥고 배고프고 두려움에 떠는 아기가 누군가 안아 주기만을 간절히 기다리는 모습을 상상해 보십시오. 그런데 엄마가 이 아이를 들어 올려 젖을 주고 어루만지고 안아 줍니다(살전 2:7). 엄마의 세심한 관심과 부드러운 애정은 아이의 몸과 마음을 따뜻하게 해 줍니다. 이것이 남편과 아내가 서로 보호한다고 말할 때 성경이 제시하는 그림입니다.

인생은 춥고 예측 불가능합니다. 우리는 날마다 스트레스에 시달립니다. 때로는 관계도 힘들어서, 따뜻한 봄날이 아니라 추운 겨울을 통과하기도 합니다. 먼저 손을 내밀어 배우자의 삶과 마음을 감싸고 따뜻하게 해주는 것은, 이 세상 다른 그 누구도 아닌 바로 우리의 책임입니다.

성적이지 않은 방식으로 배우자를 부드럽게 어루만질 때 상대는 이런 '보호'를 느낄 수 있습니다. 주방에서 일하는 아내를 뒤에서 안고 목에 입 맞추기, 차 안에서 남편의 팔 어루만지기, 교회에서 앉아 있을 때 아내의 어깨에 팔을 두르기, 손잡고 나란히 걷기, 서로 안은 채 영화 보기…. 이런 따뜻한 사랑으로 상대를 보호해 주십시오. 잊지 마십시오. 배우자에게 사랑을 표현하는 것은 당신 자신에게도 사랑을 표현하는 것입니다.

그런데 이 동전에는 뒷면도 있습니다. 배우자를 소홀히 대하는 것은 자기 자신도 소홀히 대하는 셈이 되는 것입니다. 곰곰이 생각해 보십시오. 이제 두 사람의 삶은 한데 엮여 있습니다. 배우자가 기쁨이나 고통, 축복이나 저주를 느끼면 당신도 영향을 받을 수밖에 없습니다. 그러므로 배우자를 공격하는 것은 자기 자신을 공격하는 것과 같습니다.

이제 사랑으로 생각이 바뀌어야 합니다. 손과 눈과 심장이 당신 몸의 일부이듯, 배우자도 당신의 일부임을 깨달아야 합니다. 아내는 사랑하고 소중히 여겨야 할 존재입니다. 아내에게 고통이나 좌절감을 가져다주는 문제가 있다면, 당신 몸의 상처를 돌보듯 사랑하고 아끼는 마음으로 아내의 문제를 돌보아야 합니다. 남편이 무슨 일로 상처를 받았다면, 아내는 남편이 치유 받을 수 있도록 돕는 도구가 되어야 합니다.

이 점을 염두에 두고, 당신이 배우자의 몸을 어떻게 다루는지 생각해 보십시오. 당신은 배우자의 몸을 자기 몸처럼 소중히 여깁니까? 존중하는 마음으로 세심하게 상대방의 몸을 다룹니까? 상대방을 있는 모습 그대로 기쁘게 여깁니까? 상대방에게 수치와 당혹감을 안겨 주지는 않습니까? 자신의 눈과 손과 발을 아끼듯이, 배우자를 값진 선물로 소중히 여겨야 합니다.

남편은 아내의 두 눈을 들여다볼 때마다, '자기 아내를 사랑하는 사람은 자기를 사랑하는 것'이라는 사실을 명심해야 합니다. 또한 아내는 남편을 사랑하는 것이 곧 스스로를 사랑하고 존중하는 길이라는 사실을 잊지 말아야 합니다.

배우자를 바라보는 것은 우리는 자신의 일부를 바라보는 것입니다. 그러니 아내를 소중히 대하십시오. 남편을 칭찬하십시오. 사랑하는 사람을 돌보고 귀히 여기십시오.

오늘의 부부수업

오늘 당신은 배우자의 어떤 필요를 채워 줄 수 있습니까? 상대방의 차가운 삶에 따뜻함을 안겨 줄 기회를 찾아보십시오. 가능하다면, 예상치 못한 부드러운 터치를 시도해 보십시오. "나는 당신을 소중히 여깁니다"라는 메시지를 전해 줄 수 있는 행동을 찾아, 웃으며 실천해 보십시오.

☐ 오늘의 수업을 완수했으면 여기에 표시하십시오.

―――∞―――

- 배우자를 소중히 여기는 표시로 오늘 어떤 일을 실천했습니까?
- 이 경험에서 무엇을 배웠습니까?

예수께서 그에게 말씀하셨다.
"내가 너에게 무엇을 하여 주기를 바라느냐?" (막 10:51, 새번역)

"어떤 수업은 처음 봤을 때는 거의 불가능해 보였습니다.
하지만 도전의 위험과 좌절보다 그 보상이 훨씬 더 컸습니다." _나딘

Day 12

사랑은 져 줍니다

각각 자기 일을 돌볼뿐더러 또한 각각 다른 사람들의
일을 돌보아 나의 기쁨을 충만하게 하라.

빌 2:4

배우자와 의견이 다른 부분을 세 가지만 꼽아 보라고 하면, 당신은 크게 고민하지 않고 곧바로 답할 수 있을 것입니다. 좀 더 시간을 주면, 열 개 정도는 어렵지 않게 대답할지도 모릅니다. 안타까운 현실이지만, 당신 집에 사는 누군가가 일정 부분을 포기하지 않으면, 똑같은 문제가 계속해서 부부 사이에 말썽을 일으킬 것입니다.

슬프게도, 고집은 남편이나 아내를 불문하고 양편 모두에게 있는 특징입니다. 자기 권리와 의견을 옹호하는 것은 사람의 기본적인 본성과 기질입니다. 하지만 결혼 관계에서 고집은 아주 해롭고 시간과 생산성을 떨어뜨립니다. 이런 완고함은 두 사람 모두에게 큰 좌절감을 안겨 줄 수 있습니다.

그렇지만 고집이 항상 나쁜 것만은 아닙니다. 끝까지 포기하지 않고 보호해야 할 것도 있습니다. 하나님을 향한 우선순위와 윤리, 순종은 마땅히 애써 지켜야 합니다. 하지만 우리는 벽에 칠할 페인트 색깔이나 외식할 식당 등 사소한 것을 두고 고집을 꺾지 않을 때가 너무 많습니다.

물론 이보다 더 큰 이해관계가 얽힌 일도 있습니다. 부부 중 한쪽은 아이를 더 낳고 싶은데 다른 한쪽은 원치 않을 경우, 시댁(혹은 처가) 식구들과 휴가를 보내고 싶지 않은 경우, 남편은 자녀를 학교에 보내고 싶어 하는데 아내는 홈스쿨링을 원하는 경우, 한쪽은 부부 상담이나 교회 활동을 원하지만 상대방은 그렇지 않은 경우가 그렇습니다.

이런 문제들은 매일 발생하지는 않지만, 완전히 사라지지 않고 반복해서 수면에 떠오릅니다. 뾰족한 해결책이나 절충안은 없어 보입니다. 서로 한 치의 양보도 없습니다. 마치 주차 브레이크를 내리지도 않고 운전을 하는 꼴입니다.

이런 궁지를 벗어날 길은 하나밖에 없는데, '고집불통'의 반대말을 찾아보면 정답이 나옵니다. 앞에서 친절에 관해 이야기하면서 이미 살펴보았던 단어입니다. 그것은 바로 '자발성'입니다. 이

자발성은 우리의 대화 곳곳에 스며들어야 할 협력의 태도와 정신을 가리킵니다. 자발성이란 바닷가에 심은 야자수와 같습니다. 이 야자수는 적당히 구부릴 줄 알기 때문에 거센 바람을 견뎌냅니다. 자발성의 가장 훌륭한 본보기는 빌립보서 2장 5-11절에 묘사된 예수 그리스도입니다. 예수님의 이타적인 사랑이 어떻게 발전하는지 잘 살펴보십시오.

하나님이신 예수님은 사람이 되기를 거부할 수 있는 권한이 있으셨지만, 기꺼이 포기하고 자진해서 인간이 되셨습니다. 모든 인류의 섬김을 받을 권한이 있으셨지만, 오히려 우리를 섬기러 오셨습니다. 편안하고 안전하게 살 수 있는 권한이 있으셨지만, 우리 죄를 위해 기꺼이 편한 삶을 내려놓으셨습니다. 더구나 그분은 험한 십자가의 고난도 기꺼이 받으셨습니다. 예수님은 사랑하고 협력하셨으며, 자신의 뜻을 내려놓고 아버지의 뜻을 행하기를 마다하지 않으셨습니다.

이 놀라운 증거를 바탕으로 성경은 우리에게 한 문장으로 요약된 말씀을 제시합니다. "너희 안에 이 마음을 품으라. 곧 그리스도 예수의 마음이니"(빌 2:5). 자발성, 융통성, 겸손한 복종의 태도…. 이러한 마음은 곧 남의 유익을 위해 마땅히 스스로 주장할 수 있는 권한을 내려놓는 것입니다.

두 사람 모두 팽팽하게 맞서 자기 입장을 굽히지 않으면, 지금과 같은 논쟁은 계속될 것입니다. 그러나 어느 한쪽이 "이 문제는 제가 당신 뜻을 따르지요"라고 말하는 순간, 논쟁은 끝날 것입니다. 한동안은 자존심도 상하고 기분이 썩 좋지 않겠지만, 그러한 결단으로 당신은 결혼 생활에 영구한 투자를 한 것입니다.

"맞아요. 하지만 그러면 제가 바보처럼 보이지 않을까요? 저는 싸움에서 지고, 주도권을 잃게 될 거예요." 고집만 피우고 상대방의 이야기를 듣지 않으려는 사람은 이미 바보처럼 보이고도 남습니다. 이 문제가 결혼 생활이나 배우자의 자존감보다 중요하다고 생각하는 사람은 이미 싸움에서 진 것입니다. 자기 관점만 내세우고 상대방에게 상처 주는 말을 하는 사람은 이미 감정적으로 통제가 되지 않는 사람입니다.

항상 자기 방식만 고집하지 않겠다는 자발적인 태도로 문제에 접근하는 것이야말로 현명하고 사랑이 넘치는 행위입니다. 그렇다고 해서 상대방의 관점만 무조건 옳고 지혜롭다는 것이 아닙니다. 상대방을 존중하는 마음으로 그의 주장을 적극적으로 고려해 보기로 결단하라는 것입니다. 실제로도, 재고해 보겠다는 당신의 태도 때문에 상대도 저항감을 줄이고 다시 생각해 보게 될 것입니다.

사랑에 대한 최고의 조언은 성경에 나옵니다. "위에서 오는 지혜는 우선 순결하고, 다음으로 평화스럽고, 친절하고, 온순하고"(약 3:17, 새번역). 배우자를 원수나 대적자로 여기지 말고, 가장 가깝고 존경하는 친구로 대하십시오. 상대방의 말을 곧이곧대로 들어주십시오.

배우자와 늘 의견이 일치하지는 않을 것입니다. 서로 판박이가 될 필요는 없습니다. 만약 두 사람이 완전히 빼박았다면, 둘 중 한 사람은 애당초 없어도 되었을 것입니다. 두 사람이 항상 똑같은 의견과 관점을 견지한다면, 둘의 관계를 더욱 굳건히 해줄 균형과 특징을 잃어버리게 될 것입니다. 오히려 부부는 서로의 차이점에 귀를 기울이고 거기서 교훈을 얻어야 합니다.

당신은 기꺼이 고개를 숙이고 상대방을 향한 사랑을 보여 주겠습니까? 아니면 알량한 자존심 때문에 끝까지 뜻을 굽히지 않겠습니까? 긴 안목에서, 특히 영원의 관점에서 볼 때 아주 중대한 문제가 아니라면, 자기의 권리를 포기하고 사랑하는 사람을 존중해 주기로 결단하십시오. 그것이 당신에게도, 결혼 생활에도 유익할 것입니다. 항복이야말로 더 큰 승리를 거두는 최고의 방법일 수 있습니다.

오늘의 부부수업

배우자와 의견이 일치하지 않는 부분에서 기꺼이 져 줌으로 상대방을 향한 사랑을 표현하십시오. 배우자에게 그의 의견을 존중한다고 말해 주십시오.

☐ 오늘의 수업을 완수했으면 여기에 표시하십시오.

- 배우자에게 어떤 문제를 양보했습니까?
- 그 문제를 양보하기 위해 어떤 희생을 감수했습니까?
- 이런 시도가 앞으로 어떻게 도움이 될 것 같습니까?

할 수 있거든 너희로서는 모든 사람과 더불어 화목하라. (롬 12:18)

"그토록 오랫동안 느꼈던 분노가 사라진 것을 알고는 내 마음에 평화가 찾아왔습니다."
_로베르타

Day 13

사랑은 정정당당하게 싸웁니다

―――― ✦ ――――

만일 한 집안이 자기들끼리 나뉘어 싸우면,
그 가정은 제대로 설 수 없다.
막 3:25, 쉬운성경

좋든 싫든 간에, 결혼 생활에서 갈등은 피할 수 없습니다. 신랑 신부가 부부의 연을 맺을 때는 두 사람의 희망과 꿈만 아니라 상처와 두려움, 결점, 정서적인 문제도 함께 떠안습니다. 신혼여행에서 돌아와 짐을 푸는 순간부터, 상대방에게 자신을 내보이는 생생한 과정이 시작됩니다. 그러면서 두 사람은 자신이 얼마나 죄 많고 이기적인 사람인지를 발견해 갑니다.

얼마 못 가, 배우자의 고상한 모습은 온데간데없이 사라집니다. 당신도 마찬가지입니다. 이 세상에서 가장 친밀한 관계인 결혼의 특성상, 두 사람의 외양이 한 꺼풀 벗겨지기 시작하면서 남들은 모르는 은밀한 문제와 숨은 습관들이 드러납니다. "타락한 인류의 세상에 온 것을 환영합니다."

그와 동시에, 인생의 폭풍우가 밀려와 당신의 진면목을 시험하고 까발리기 시작합니다. 과중한 업무, 건강 문제, 고부 갈등, 재정 문제 등이 다각도에서 공격을 퍼부으면서 부부 관계에 압박을 가합니다. 이런 상황들은 부부 사이에 불화를 일으키는 원인이 됩니다. 두 사람은 말다툼을 벌이고 싸웁니다. 상처를 받습니다. 갈등을 겪습니다. 하지만 당신 부부만 그런 것이 아닙니다. 부부라면 누구나 이런 과정을 거칩니다. 결혼 관계에서는 당연한 일입니다. 그러나 이런 시련을 잘 극복해 내는 부부는 많지 않습니다.

그러니 오늘의 부부수업을 실천한다고 해서 모든 갈등을 해결할 수 있으리라고 생각하지는 마십시오. 오히려 갈등을 통해 성숙할 수 있도록, 갈등에서 유익을 얻는 법을 배우는 기회로 여기십시오. 두 사람이, 함께….

갈등이 한창일 때에는, 부부 관계에 가장 치명적인 깊은 상처가 발생하기 쉽습니다. 그럴 때 당신의 자존심도 가장 강하기 때문입니다. 분노가 극에 달하고, 당신은 가장 이기적이고 비판적인 상태입니다. 독을 품은 말을 거침없이 내뱉습니다. 최악의 결정을 내립니다. 만약 통제되지 않은 갈등이 부부 사이를 잠식하고 둘 중 누구도 브레이크를 밟지 않는다면, 월요일에 행복했던 결혼 생활이 화요일에 절벽으로 내달릴 수도 있습니다.

    그러나 사랑이 개입하면 상황이 달라집니다. 스스로 파괴하도록 내버려 두기에는 결혼 생활이 너무도 소중하며, 배우자를 사랑하는 마음은 그 어떤 싸움거리보다도 중요하다는 것을 사랑은 알려 줍니다. 사랑은 부부 관계에 에어백을 장착하고 보호난간을 세울 수 있도록 도와줍니다. 사랑은 갈등을 좋은 방향으로 회복할 수 있다는 사실을 되새겨 줍니다. 갈등을 잘 해결하는 법을 터득한 부부는 더 가까워지고, 더 신뢰감을 쌓으며, 더 친밀해지고, 더 깊은 연합을 누리게 됩니다.

    그렇다면 어떻게 갈등을 해결해야 하겠습니까? 가장 현명한 방법은 건전한 '싸움 규칙'을 만들어서 정정당당하게 싸우는 법을 익히는 것입니다. 논란이 분분한 문제에 어떻게 접근할지 규칙을 준비해 놓지 않으면, 문제가 발생할 때 한계선을 넘기 쉽습니다.

    기본적으로 갈등을 다룰 때 염두에 두어야 할 한계선에는 두 가지가 있는데, 그것은 '우리의 한계선'과 '나의 한계선'입니다.

    '우리의 한계선'이란, 부부가 사전에 동의하여 부부싸움이나 언쟁이 벌어질 때 적용하는 규칙입니다. 이 규칙을 지키지 않을 때 두 사람은 상대방에게 부드럽게, 하지만 직접적으로 강요할 수 있습니다. 여기에는 다음과 같은 내용이 포함됩니다.

1. 이혼 이야기는 절대 꺼내지 않는다.
2. 현안과 관련이 없는 과거의 문제는 들추어내지 않는다.
3. 아이들이나 다른 사람들이 보는 앞에서는 싸우지 않는다.
4. 갈등이 너무 격해질 때는 '타임아웃'을 부른다.
5. 상대방에게 폭력을 행사하지 않는다.
6. 화난 채 잠자리에 들지 않는다.
7. 해결하지 못할 갈등은 없다. 무슨 수를 써서라도 갈등을 해결한다.

'나의 한계선'이란, 나 자신이 개인적으로 실천하는 규칙을 말합니다. 효과적인 예를 몇 가지만 들면 다음과 같습니다.

1. 말하기 전에 우선 상대방의 말에 귀 기울인다.
"사람마다 듣기는 속히 하고 말하기는 더디 하며 성내기도 더디 하라"(약 1:19). 먼저 한결같이 듣는 사람이 싸움의 우위에 있습니다. 민감한 문제는 내 쪽에서 먼저 가정하거나 상대의 비난을 유발하기보다, 정중하게 질문을 던지는 방법으로 접근해야 합니다.
2. 내 문제를 먼저 정직하게 다룬다.
"어찌하여 형제의 눈 속에 있는 티는 보고 네 눈 속에 있는 들보는 깨닫지 못하느냐"(마 7:3). 당신의 잘못을 빨리 인정하고 먼저 사과하면, 배우자의 마음이 누그러져서 당신에게 사용하는 무기도 무력화되는 한편, 상대가 자신의 실수를 다루도록 이끌어 줄 수 있습니다.

3. 부드럽게 이야기하고 목소리를 높이지 않는다.

"유순한 대답은 분노를 쉬게 하여도 과격한 말은 노를 격동하느니라"(잠 15:1). 사람들은 싸울 때 상대방을 따라 하는 경향이 있습니다. 당신이 격해지면 상대방도 격해집니다. 당신이 마음을 낮추고 부드럽게 대하면, 상대방도 마음을 낮추고 부드러워집니다. 무슨 말을 하든지 당신의 대화법에 사랑이 넘치게 하십시오.

정정당당한 싸움은 무기를 바꾸는 것입니다. 품위 있게 의견을 달리하는 것입니다. 한 편의 기를 완전히 꺾어 버리지 않고 두 사람 사이에 다리를 놓는 것입니다. 사랑이 곧 싸움은 아니지만, 사랑을 위해서는 언제나 싸울 가치가 있습니다.

오늘의 부부수업

배우자와 대화를 나누면서 건전한 '싸움 규칙'을 만들어 보십시오. 배우자가 내키지 않아 할 경우, 당신만의 규칙을 적어 보십시오. 앞으로 의견이 일치하지 않는 문제가 발생할 때 그 규칙을 지키기로 결단하십시오.

☐ 오늘의 수업을 완수했으면 여기에 표시하십시오.

- 함께 싸움 규칙을 만들 때 배우자는 어떤 반응을 보였습니까?
- 당신이 스스로 지키겠다고 적어 본 규칙에는 어떤 것들이 있습니까?

서로 한 마음이 되십시오. (롬 12:16, 쉬운성경)

"남편과의 관계에서 좋은 결과를 원한다면, 내가 먼저 바뀌어야 하더군요."_제이미

Day 14

사랑은 즐거워합니다

너의 헛된 모든 날, 하나님이 세상에서 너에게 주신 덧없는 모든 날에
너는 너의 사랑하는 아내와 더불어 즐거움을 누려라.

전 9:9, 새번역

세상은 보기 좋은 것과 그렇지 않은 것이 있다고 끊임없이 당신을 설득하려 합니다. 무엇이 바람직한지, 무엇이 멋진지 알려 주려 합니다. 세상은 모델과 영화배우들이 걸친 최신 상품을 광고하면서, 당신이 지갑을 열고 신용카드를 긋도록 부추깁니다. 하지만 세상의 비현실적인 미의 기준, 곧 이상적인 치수와 몸매, 키와 몸무게를 받아들인다면, 당신은 평생 거울 속 자신의 모습에 만족하지 못하고, 배우자도 포토샵을 잔뜩 한 사진 속 배우처럼 보이기를 바랄 것입니다.

하지만 우리는 그런 환상을 좇느라 일생을 낭비할 필요가 없습니다. 무엇이 가장 매력적이고 멋진지는 세상이 아니라 당신이 결정해야 합니다. 당신은 하나님이 배우자에게 (안팎으로) 이미 주신 소중한 보물을 지금 즐거워하고 기뻐하기로 결단할 수 있습니다. 아무것도 당신을 멈출 수 없고, 마땅히 그래야 합니다!

이 책을 읽으면서 배워야 할 가장 중요한 교훈은, 단순히 마음 가는 대로 해서는 안 된다는 것입니다. 오히려 마음을 이끌어야 합니다. 감정과 느낌에 운전대를 맡겨서는 안 됩니다. 감정과 느낌을 뒷좌석에 얌전히 앉힌 다음, 당신의 행선지를 말하십시오.

신혼부부는 사랑의 '감정'을 느낍니다. 이제 막 남편과 아내가 된 상대방을 보며 즐거워합니다. 두 사람의 사랑은 풋풋하고 신선하며, 마음속에는 로맨틱한 미래에 대한 기대감이 가득합니다. 그러나 이 풋풋하고 새로운 사랑만큼이나 강력한 사랑이 있습니다. 함께 산 햇수와는 상관없이, 늘 배우자에게서 기쁨을 찾겠다고 '결단'하는 사랑입니다. 다시 말해, 사랑하기로 결단하는 사랑은, 사랑의 감정을 느끼는 사랑만큼이나 강력합니다. 여러 가지 면에서, 결단하는 사랑이 더 진실한 사랑인데, 그 사랑은 눈을 크게 뜨고 보기 때문입니다.

성경은 이스라엘 백성이 다른 민족보다 수효도 적고 장점이 부족한데도 하나님이 그들을 사랑하기로 작정하셨다고 말합니다(신 7:7-8). 우리도 이와 같아야 합니다.

이기심과 감정을 따르게 내버려 두면, 우리는 늘 배우자의 약점을 다른 사람들의 장점과 비교할 것입니다. "우리 아내는 존중할 만하지도 않고 빛이 나지도 않아요"라거나 "우리 남편은 친절하지도 않고 배려심도 없어요"라고 생각할 것입니다. 하지만 햇빛을 즐길 시간에 그림자만 들여다보기에는 우리 인생이 너무도 짧습니다.

그러니 마음을 다스려 다시 한 번 당신의 짝에게서 '기쁨'을 찾으십시오. 하나님이 독특한 존재로 창조하신 그 사람이 바로 당신이 사랑하고 기뻐하기로 결단한 사람이라고 믿으십시오. 상대방의 독특함을 칭찬하고, 남편의 눈이나 아내의 성품에 맨 처음 어떻게 매료되었는지를 다시 떠올려 보십시오. 아내의 손을 잡고 친구가 되어 주십시오. 남편의 대화 상대가 되어 주십시오. 배우자를 온전히 받아들여 마음속에 맞아들이십시오. 성경은 남자가 자신이 사랑하는 여자와 결혼해야 한다고 말하지 않고, 자신이 결혼한 여자를 사랑해야 한다고 말합니다.

날 때부터 어떤 기호와 성향을 가지고 있어서 그에 맞추어 행동하는 것이 아닙니다. 사람들은 자신이 소중히 여기는 것을 선택하기 마련입니다. 당신이 감사할 줄 모르고 늘 못마땅해하는 것은 당신이 그렇게 하기로 선택했기 때문입니다. 상대방을 칭찬하기보다 흠을 들추어내는 일이 잦다면, 이기적인 마음이 자신을 지배하도록 내버려 두었기 때문입니다. 당신 '스스로' 비판적인 사람이 되기로 한 것입니다.

그러니 이제는 마음을 돌이키십시오. 다시 배우자에게서 기쁨을 찾는 법을 배우십시오. 당신의 사랑을 배우자에게 다시 고정하고 관계에 필요한 시간과 에너지를 재투자할 때, 당신의 마음은 날마다 상대를 있는 모습 그대로 더 즐거워할 것입니다.

성경에는 아름다운 사랑 이야기가 많이 등장하는데, 그중에서도 솔로몬의 아가서에 등장하는 총 8장의 이야기가 가장 노골적이고 도발적입니다. 한 편의 시처럼 낭만적인 이 이야기에서, 두 연인이 상대방을 즐거워하는 모습을 유의하여 보십시오.

여자가 말합니다. "남자들 중에 나의 사랑하는 자는 수풀 가운데 사과나무 같구나. 내가 그 그늘에 앉아서 심히 기뻐하였고 그 열매는 내 입에 달았도다. 그가 나를 인도하여 잔칫집에 들어갔으니 그 사랑은 내 위에 깃발이로구나"(아 2:3-4).

남자가 말합니다. "나의 사랑, 나의 어여쁜 자야, 일어나서 함께 가자. 바위틈 낭떠러지 은밀한 곳에 있는 나의 비둘기야, 내가 네 얼굴을 보게 하라. 네 소리를 듣게 하라. 네 소리는 부드럽고 네 얼굴은 아름답구나"(아 2:13-14).

너무 감상적입니까? 너무 느끼합니까? 하지만 마음을 다스려 사랑하는 사람을 즐거워하는 자들에게는 전혀 감상적으로 들리지 않을 것입니다. 아내가 헤어롤을 잔뜩 말고 있을 때도, 남편의 머리숱이 점점 줄어들 때도, 풋풋한 감정이 조금씩 사라질 때도 말입니다. 이제 다시 즐거워할 시간입니다. 다시 웃고, 낯간지러운 사랑 고백을 나누어 보십시오. 다시 즐겁게 꿈꿔 보십시오.

오늘의 부부수업은 급진적인 마음의 변화를 요구할 것입니다. 어떤 사람에게는 즐거움을 회복하는 과제가 그리 어렵지 않은 반면, 오랫동안 상대방에게 질린 사람들에게는 엄청난 도약이 필요할지도 모릅니다. 하지만 신혼 초에 그랬듯이, 이전에 즐거웠던 경험이 있는 사람이라면 얼마든지 그 즐거움을 회복할 수 있습니다. 그게 언제였는지 기억이 가물가물하다 해도, 부부 관계에 지각 변동이 일어날 만한 엄청난 사건이 있었다 해도 말입니다. 평생 사랑하겠다고 약속했던 그 사람의 사랑스러운 부분을 재발견하는 것은 순전히 당신 책임입니다.

오늘의 부부수업

평소 자신이 집에서 하던 일을 의도적으로 내버려 두고, 배우자와 함께 시간을 보내십시오. 남편이나 아내가 좋아하고 즐길 만한 일을 같이 해보십시오. 함께하는 시간을 정말로 즐기기로 작정해 보십시오.

☐ 오늘의 수업을 완수했으면 여기에 표시하십시오.

- 배우자와 함께하는 시간을 마련하기 위해 무엇을 포기했습니까?
- 배우자와 함께 무엇을 했습니까?
- 그 시간이 어땠습니까?
- 이 활동을 하면서 배우자에 대해 새롭게 (혹은 다시) 배운 사실은 무엇입니까?

네 마음을 내게 주며, 네 눈으로 내 길을 즐거워할지어다. (잠 23:26)

마음을 인도하는 법을 자세히 알고 싶다면 268쪽에 있는 부록을 보십시오.

Day 15

사랑은 존경합니다

> 마찬가지로 남편들도 아내를 잘 이해하고 돌보아 주며 살아가십시오.
> 아내를 존중해 주시기 바랍니다. … 하나님께서는 여러분에게
> 주시는 것과 똑같은 은혜인 참생명을 아내들에게도 주셨습니다.
> 벧전 3:7, 쉬운성경

당신이 세상에서 가장 존경하는 사람은 누구입니까? 그 사람을 만나 식사를 하거나 하루를 같이 보낼 수 있다면 어떨 것 같습니까? 틀림없이 엄청난 특권이라고 느낄 것입니다. 그 사람이 무슨 말을 하면 당신은 귀를 쫑긋 세우고 집중해서 들을 것입니다. 그가 무언가를 요청하면 매우 진지하게 받아들이고 들어주려고 애쓸 것입니다.

이것이 바로 '존경'(honor)이라는 단어의 정의입니다.

어떤 사람을 존경한다는 것은 그를 존중하고 높이 평가하며, 아주 소중하고 특별한 사람으로 대한다는 뜻입니다. 그 사람과 대

화할 때는 단어도 세심하게 선택합니다. 예의 바르고 정중한 태도를 보입니다. 그 사람의 말은 무게 있고 중요하게 여겨, 진지하게 받아들입니다. 그가 부탁하는 일이 있다면, 상대방을 존중하는 마음으로 가능한 한 들어줍니다. 그 사람을 '존경하기' 때문입니다. 존경은 우리가 마땅히 살아야 하는 고귀한 삶의 방식을 묘사하는 고귀한 단어입니다.

성경은 존경을 자주 언급합니다. 권위 있는 자들뿐 아니라 부모도 '공경하라'고 말합니다. 남편들에게는 아내를 '존중하라'고 말하고(벧전 3:7), 아내들에게는 남편을 '존경하라'고 말합니다(엡 5:33). 이것이 건강하고 강력한 결혼 생활의 근본 핵심입니다. 배우자에게 그럴 만한 자격이 있어서 존경하는 것이 아닙니다. 배우자를 존경하는 것이 하나님 보시기에 옳고, 그가 우리 삶에서 특별한 위치를 차지하기 때문에 존경하는 것입니다.

배우자를 존경하면, 신문을 보거나 텔레비전을 흘끔거리면서 이야기하지 않고 상대에게 온전히 관심을 쏟습니다. 두 사람 모두에게 영향을 미치는 중요한 결정을 내릴 때, 배우자의 발언권과 의견을 주의 깊게 고려합니다. 배우자의 말을 매우 비중 있게 생각합니다. 배우자는 중요한 존재입니다. 당신이 배우자를 대하는 모습을 보고 상대방이 그 사실을 알 수 있어야 합니다.

그런데 '존경'보다 한 차원 더 높은 것을 요구하는 단어가 있습니다. 결혼이라는 맥락에서는 잘 언급되지 않는 단어이지만, 결혼과의 연관성을 무시해서는 안 됩니다. 사실 이것이 존경의 기본이 된다고 할 수 있습니다. 그 단어는 바로 '거룩'(holy)입니다.

당신의 배우자가 '거룩'한 존재라고 해서, 그 사람이 꼭 완벽하다는 뜻은 아닙니다. 거룩이란 고상한 목적, 즉 일상적인 흔한 목적이 아닌 특별하고 독특한 목적을 위해 구별되었다는 뜻입니다. 거룩한 사람은 당신 마음에 그 누구와도 비교할 수 없는 독보적인 자리를 차지합니다. 그는 당신에게 아주 소중한 사람, 당신이 더 많이 존경하고 칭찬하고 보호해야 할 사람입니다.

신부가 웨딩드레스를 이와 같이 다룰 것입니다. 결혼식 때 입고 나서는 조심스럽게 포장해서, 옷장에 있는 다른 옷들과 구별해 잘 보관할 것입니다. 웨딩드레스를 입고 뒷마당에서 일하거나 시장에 가는 경우는 절대 없을 것입니다. 웨딩드레스에 엄청난 가치가 있기 때문입니다. 이처럼 웨딩드레스는 신부에게 거룩하고 소중합니다.

두 사람이 부부가 될 때, 각 배우자는 '신성한 결혼'을 통해 상대방에게 '거룩한' 존재가 됩니다. 배우자를 제외하고, 이 세상 그 누구도 이 정도 수준의 헌신과 애정을 누릴 수 없습니다. 두 사람의 관계는 이 세상 그 어떤 관계와도 같지 않습니다. 당신은 오직 그 사람하고만 신체적인 친밀감을 나눕니다. 오직 그 사람과 가정을 이루고, 자녀를 둡니다. 당신의 마음과 재산과 모든 삶은 그 한 사람과 공유하는 특별한 연합 가운데 소중히 엮여 있습니다. 이것이 하나님의 계획이며, 당신이 날마다 추구해야 할 목표와 소망이 되어야 합니다.

당신의 결혼 생활도 이와 같습니까? 배우자는 당신에게 존경과 존중을 받고 있다고 말하겠습니까? 당신은 배우자를 다른 사람과 구별하여 소중히 여깁니까? 거룩하게 여깁니까?

아마 이런 내용에 공감하지 못하는 사람도 있을 것입니다. 거기에는 온당한 이유가 있을지도 모릅니다. 어떤 사람은 자신이 배우자에게 얼마나 홀대받는지 외부 사람이 알아주기를 기대할지도 모릅니다. 당신이 심술궂게 변하게 된 책임을 배우자에게 돌리고, 그를 비난하고 싶어 할지도 모릅니다.

그러나 사랑은 그런 것이 아닙니다. 사랑은 긍정적으로 행동하고, 부정적으로 반응하지 않습니다. 사랑은 잔뜩 구름 낀 환경 위로 솟아오르고 폭풍우를 이겨냅니다. 사랑은 흔한 자기중심적인 논리에 저항합니다. 거절당할 때조차 상대방을 존중합니다. 사랑한 대가로 배은망덕한 태도만 돌아온다 해도, 사랑은 상대방을 특별하고 귀한 존재로 대합니다. 자기중심적인 삶의 구멍으로 되돌아가기를 거부합니다.

물론 남편과 아내가 서로 똑같이 존중한다면, 부부가 사랑하며

"서로 다정하게 대하라"는 성경의 명령을 준수한다면, 존경하기를 서로 먼저 한다면(롬 12:10), 아주 훌륭할 것입니다. 성경은 "모든 사람은 결혼을 귀히 여기고 침소를 더럽히지 않게 하라"(히 13:4)라고 말합니다.

그러나 상대방을 존경하려는 시도가 일방적으로만 이루어지더라도, 똑같은 태도로 존경해야 합니다. 그것이 바로 사랑이기 때문입니다. "내가 맺고 있는 모든 관계 가운데, 부부 관계를 가장 최고로 여기겠습니다. 내가 치러야 할 희생이 많지만, 당신을 위해 가장 큰 희생을 치르겠습니다. 당신의 (과거와 현재를 포함한) 모든 실패와 죄와 실수와 잘못에도 불구하고, 나는 더 좋은 결혼 생활과 더 좋은 인생으로 가는 길, 하나님을 영화롭게 하는 길을 택하겠습니다. 나는 당신을 사랑하고 존경하기로 결단합니다."

이런 태도는 다시 사랑의 불꽃을 피울 수 있는 분위기를 마련해 줍니다. 이런 자세야말로 존경하지 않는 태도를 문밖으로 내치고 배우자를 진정으로 다시 사랑할 수 있는 마음을 품게 해줍니다. 그것이 바로 존경의 힘입니다.

오늘의 부부수업

배우자에게 평상시보다 더 강도 높은 존경과 존중의 마음을 보여 줄 수 있는 방법을 찾아보십시오. 남편이나 아내가 말할 때 존중하는 마음으로 더 집중해서 듣는 것부터 시작해 보십시오. 상대방에게 당신이 그의 말이나 요청을 더 무게감 있게 대하고 있다는 것을 보여 주십시오. 상대방을 이전보다 높이 평가하고 귀히 여긴다는 사실을 증명해 보이십시오.

☐ 오늘의 수업을 완수했으면 여기에 표시하십시오.

- 어떤 식으로 배우자에 대한 존경심을 표현했습니까?
- 어떤 결과가 나왔습니까?
- 이렇게 존경심을 드러낼 수 있는 다른 방법에는 어떤 것들이 있습니까?

내가 그들을 존귀하게 하리니 그들은 비천하여지지 아니하리라. (렘 30:19)

"이 책은 당신의 인생을 바꿔 놓을 것입니다. 단단히 준비하고 중도에 포기하지 마십시오. 하나님이 당신을 사랑하시듯이 아내를 사랑하십시오."_데일

Day 16

사랑은 중보합니다

―――― ❧ ――――

사랑하는 자여, 네 영혼이 잘됨같이 네가 범사에 잘되고
강건하기를 내가 간구하노라.

요삼 2절

배우자를 변화시킬 수는 없습니다. 그렇게 하고픈 마음이야 굴뚝같지만, 하나님을 조종해 상대방을 당신이 원하는 모습으로 개조하는 것은 불가능합니다. 그런데도 수많은 부부가 어떻게든 배우자를 바꾸어 보려고 애쓰느라 시간을 낭비합니다.

다른 결과가 나오길 바라면서 똑같은 일을 반복하는 것은 무모한 짓 아닙니까? 하지만 사람들은 배우자를 바꾸어 보겠다고 어리석은 노력을 합니다. 그럴 때 맞닥뜨리는 좌절감은 이루 말할 수가 없습니다. 언젠가 당신은 이것이 자신의 능력을 넘어서는 일이라는 현실을 받아들여야 합니다. 하지만 당신이 할 수 있는 일도 있

습니다. 그것은 '현명한 농부'가 되는 것입니다.

씨를 싹 틔워 농작물로 자라게 하는 것은 농부의 몫이 아닙니다. 나무더러 열매를 맺으라고 윽박지르고, 조작하고, 요구할 수는 없는 노릇입니다. 하지만 좋은 땅을 골라 씨를 심고, 물과 비료를 주며, 잡초를 뽑고, 하나님께 바치는 것은 농부가 할 수 있는 일입니다. 지난 수 세기 동안 수많은 농부가 이런 과정을 통해 생계를 꾸려 왔습니다. 농부들은 모든 씨앗이 다 싹을 내지는 않는다는 사실을 압니다. 그러나 적당한 땅에 심어 필요한 자양분을 공급해 주면 대부분은 잘 자라날 것입니다.

이 책의 내용이 배우자를 변화시키리라는 보장은 없습니다. 하지만 그것이 이 책의 목적은 아닙니다. 이 책은 당신이 사랑을 배우도록 돕습니다. 이 책의 내용을 진지하게 받아들인다면, 내면에서부터 일어나는 변화를 틀림없이 경험할 것입니다.

만약 당신이 각각의 부부수업 과제를 열심히 실천하면, 배우자도 영향을 받게 될 것이고, 당신의 결혼 생활은 활짝 꽃을 피울 것입니다. 이렇게 되기까지 몇 주가 걸릴지도 모릅니다. 아니, 몇 년이 걸릴지도 모를 일입니다. 하지만 토양이 어떻든지 간에, 당신은 성공을 염두에 두고 계획을 세워야 합니다. 결혼 생활의 잡초를 뽑아내야 합니다. 배우자의 마음밭을 잘 돌본 다음, 결과는 오로지 하나님께 맡겨야 합니다.

하지만 혼자서는 이 일을 감당할 수 없습니다. 당신이 소유한 것보다 더 강력한 힘이 필요한데, 그것이 바로 기도의 능력입니다.

기도는 정말로 효과가 있습니다. 기도는 무한한 능력의 하나님이 창조하신 영적인 현상입니다. 기도는 놀라운 결과를 낳습니다.

결혼 생활을 포기하고 싶습니까? 예수님은 낙심하지 말고 기도하라고 말씀하셨습니다(눅 18:1). 스트레스와 근심 걱정이 많습니까? 기도는 빗발치는 문제들 가운데서도 평강을 가져다줄 수 있습니다(빌 4:6-7). 삶의 돌파구가 필요합니까? 기도가 힘이 되어 줄 것입니다(행 12:1-17).

하나님은 전능하십니다. 하나님은 자기 뜻대로 모든 일을 하십니다. 하나님은 매번 당신의 소원을 들어주는 램프의 요정 지니 같은 분이 아닙니다. 하지만 하나님은 당신을 사랑하시고 당신과 친밀한 관계를 맺기 원하십니다. 기도 없이 이런 일은 불가능합니다.

능력 있는 기도에 필요한 몇 가지 요소가 있는데, 여기서는 하나님과 다른 사람들과 바른 관계를 맺으려는 겸손한 마음에서 우러나오는 기도가 가장 효과적이라는 점만 언급하겠습니다. 성경은 "너희 죄를 서로 고백하며 … 서로 기도하라. 의인의 간구는 역사하는 힘이 큼이니라"(약 5:16)라고 말합니다.

하나님이 왜 내게 이처럼 대단한 통찰력을 주셔서 배우자의 숨겨진 잘못까지 보게 하시는지 궁금했던 적이 있습니까? 상대방의 잘못을 두고 계속 바가지나 긁으라고 주신 것 같습니까? 그렇지 않습니다. 당신이 무릎 꿇게 하기 위해서입니다. 배우자를 위해 가장 효과적으로 기도할 수 있는 사람은 바로 당신이기 때문입니다.

잔소리나 바가지가 효과가 있던 적이 있습니까? 그렇지 않습니다. 잔소리로는 마음을 바꿀 수 없습니다. 이제 잔소리는 그만두고, 골방에서 하나님과 대화를 시작할 때입니다.

남편은 자신보다 하나님이 아내를 더 훌륭히 '고치실' 수 있다는 사실을 발견할 것입니다. 아내는 남편을 설득하려는 온갖 수단보다 전략적인 기도가 더 효과가 크다는 사실을 깨달을 것입니다. 이렇게 사는 편이 훨씬 더 즐겁습니다.

그러니 불평 대신 기도를 하면서, 당신이 잠잠히 있는 동안 주님이 어떻게 일하시는지 지켜보십시오. 만약 배우자가 하나님과 아무 관계를 맺고 있지 않다면, 그 문제부터 붙잡고 기도해야 할 것입니다.

하나님과의 관계가 해결된 사람이라면, 배우자의 필요를 위해 기도하십시오. 남편의 마음을 위해 기도하십시오. 아내의 태도를 위해 기도하십시오. 배우자가 하나님 앞에서 져야 할 책임을 위해 기도하십시오. 거짓말 대신 진실을 말하도록 기도하십시오. 원한을 품는 대신 용서할 수 있도록 기도하십시오. 결혼 생활에 진정한 돌파구를 마련하도록 기도하십시오. 당신의 마음에 사랑과 존경이 확고하게 자리 잡도록 기도하십시오. 부부간의 사랑과 친밀감이 더욱 깊어지도록 기도하십시오.

배우자를 위해 기도하는 것은 당신이 그 사람을 위해 해줄 수 있는 가장 아름다운 일입니다. "구하라, 그리하면 너희에게 주실 것이요. 찾으라, 그리하면 찾아낼 것이요. 문을 두드리라, 그리하면 너희에게 열릴 것이니"(마 7:7).

오늘의 부부수업

배우자의 마음을 지켜 달라고 기도하면서 오늘 하루를 시작하십시오. 배우자의 삶과 결혼 생활 가운데 하나님이 일하셨으면 하는 특정한 세 부분을 놓고 기도하십시오.

☐ 오늘의 수업을 완수했으면 여기에 표시하십시오.

- 과거에 기도의 능력을 경험한 적이 있습니까?
- 오늘 어떤 문제를 놓고 기도했습니까?
- 부부 관계를 위한 기도가 어렵고 낯설게 느껴지지는 않았습니까?

> 하나님이 … 경건하여 그의 뜻대로 행하는 자의 말은
> 들으시는 줄을 우리가 아나이다. (요 9:31)

**배우자를 위한 기도와 효과적인 기도법에 대한 통찰이 필요하다면,
284쪽과 288쪽에 있는 부록을 보십시오.**

Day 17

사랑은 친밀감을 키웁니다

허물을 덮어 주면 사랑을 받고,
허물을 거듭 말하면 친구를 갈라놓는다.

잠 17:9, 새번역

당신에게 가장 가까운 사람은 누구입니까? 비밀을 나눌 수 있는 사람은 누구입니까? 소꿉친구나 대학 동창과 친하게 지내는 사람이 있는가 하면, 형제자매나 부모, 직장 동료와 친하게 지내는 사람이 있습니다. 하지만 아무리 친한 관계라 하더라도 부부간의 친밀함과는 비교할 수 없습니다. 결혼은 모든 인간 관계 중에 정서적으로, 신체적으로, 영적으로 가장 친밀한 관계로 계획되었습니다.

그렇기에 인간에게 있어서 결혼이 얼마나 멋지고 필요한지 모릅니다. 우리는 마음을 나눌 수 있는 친한 친구를 간절히 원합니다. 우리의 본모습을 이해해 주는 안전하고 충직한 동료를 바랍니다. 우리의 깊은 비밀을 알면서도 우리를 받아 주는 누군가를 원합니다. 친밀감이란 '온전히 파악되고 온전히 사랑받는 상태'로 표현할 수 있습니다.

하지만 안타깝게도, 많은 결혼 생활에 하나님이 부부 사이에 원하시는 친밀감이 결여되어 있습니다. 이 커다란 축복에는 더 큰 위험의 소지가 있기 때문입니다. 친밀하게 우리를 아는 사람이라면 기대 이상으로 우리를 많이 사랑해 줄 수도 있지만, 반대로 회복 불가능한 깊은 상처를 남길 수도 있습니다. 친밀감은 결혼 생활의 기폭제인 동시에 두려움이기도 합니다. 그래서 서로 마음을 열 수 있는 매우 안전한 장소를 만드는 것은 친밀감을 성장시키는 토대가 됩니다.

지금 당신의 결혼 생활은 어떻습니까? 당신은 펼쳐진 책 같습니까, 아니면 굳게 닫힌 금고 같습니까? 두 사람은 진정한 대화를 얼마나 많이 나눕니까? 상대가 당신의 비밀을 지켜 줄 수 있다고 얼마나 신뢰할 수 있습니까? 배우자는 당신 때문에 안전하다고 느낍니까, 아니면 두렵다고 느낍니까? 특히 과거에 서로 상처를 준 부부들은 친밀감을 피해 숨으려고 할 것입니다.

가정에서 안정감을 얻지 못하는 부부는 다른 곳에서 안정을 찾으려는 유혹을 받습니다. 다른 이성을 만나 잠시 즐기는 관계에 빠질 수도 있고, 아니면 정말로 새로운 생활을 시작할 수도 있습니다. 일이나 취미에서 안정을 찾으려 할지도 모르겠습니다. 일이나 취미는 친밀감을 형성하지 않고도 남에게 존경받고 인정받을 수 있는 방편이기 때문입니다.

하지만 상황이 어떻든 간에, 사랑은 당신이 배우자와의 친밀감을 재발견하도록 도와줄 수 있습니다. "사랑 안에 두려움이 없고 온전한 사랑이 두려움을 내쫓나니"(요일 4:18). 당신의 인정을 받기 위해서는 완벽해야 한다는 압박감을 배우자에게 주어서는 안 됩니다. 맨발로 가장 편하게 지내야 할 곳에서 바늘방석에 앉은 기분이 들게 해서는 안 됩니다. 결혼 생활은 자유로운 분위기여야 합니다. 에덴동산의 아담과 하와처럼, 두 사람이 가까울수록 친밀감이 커져야 합니다. 결혼 생활에서는 부부가 신체적으로나 정서적으로나 "벌거벗었으나 부끄러워하지 아니"(창 2:25)해야 합니다.

물론, 친밀감은 상처받기 쉬운 영역입니다. 결혼은 상대방의 죄성과 짐을 내가 떠안고, 나의 것을 상대방에게 떠안기는 것입니다. 때로는 친밀감과는 반대로, 상대방이 나를 이해하지 못하거나 사랑하지 않는다고 느낄 수도 있습니다. 하지만 오늘 당신에게는 배우자의 은밀한 정보를 당신의 사랑으로 감싸 보호해 주고, 상대가 그 문제를 해결할 수 있도록 최선을 다해 도와줄 존재가 되기로 재헌신할 기회가 주어졌습니다.

상대방이 간직한 비밀 중에 고쳐야 할 부분이 있을 것입니다.

그럴 때는 긍휼과 치유를 베푸는 사람이 될 수 있습니다. 가르치고 비판하는 자세를 취하기보다는 사랑하는 마음으로 이야기를 들어 주고, 상대가 당신의 조언을 받아들일 수 있을 만큼 안정감을 느낄 때 부드럽게 진실을 말해 주어야 합니다.

상대방이 간직한 비밀 중에 그냥 인정해야 할 부분도 있을 것입니다. 상대방의 기질이나 과거에 해당하는 부분이 그렇습니다. 이런 문제를 대하는 것이 썩 기분 좋은 일이 아니라 하더라도, 민감한 부분이니만큼 조심스럽게 다루어야 합니다. 어느 경우가 되었건, 이 문제로 배우자를 거부할지 받아들일지는 전적으로 당신 결정에 달렸습니다. 이로 인해 상대방은 당신과의 관계가 실수를 해도 용납되는 안전한 장소라고 깨닫게 되거나, 아니면 당신에게서 뒷걸음쳐 영원히 멀어져 버릴지도 모릅니다. 우리는 평생에 걸쳐 배우자를 제대로 사랑하는 법을 배워야 합니다.

한번 생각해 보십시오. 당신을 창조하신 하나님보다 당신을 더 잘 아는 분은 없습니다. 그런 의미에서 시편 139편 기자의 말은 옳습니다. "내가 앉아 있거나 서 있거나 주님께서는 다 아십니다. 멀리서도 내 생각을 다 알고 계십니다. 내가 길을 가거나 누워 있거나, 주님께서는 다 살피고 계시니, 내 모든 행실을 다 알고 계십니다. 내가 혀를 놀려 아무 말 하지 않아도 주님께서는 내가 하려는 말을 이미 다 알고 계십니다"(시 139:2-4, 새번역).

우리 자신에게 숨긴 비밀조차 훤히 아시는 하나님은 측량할 수 없는 깊이로 우리를 사랑하십니다(엡 3:18-19). 그렇다면 불완전한 인간에 불과한 우리는 넓은 아량으로 배우자를 사랑해야 하지 않겠습니까? 상대방을 있는 그대로 받아들이고, 숨기고 싶은 비밀을 털어놓아도 괜찮다고 안심시켜야 하지 않겠습니까?

아마도 이 부분에 있어서 전에 실패한 부부가 있을지도 모르겠습니다. 그렇다면, 배우자가 지금 당장 마음 문을 활짝 열 것이라고 기대하지 마십시오. 다시 신뢰를 쌓는 일부터 서서히 시작해야 합니다. 상대를 피하지 말고 대화를 시작해 보십시오. 이해하는 마음으로 귀를 기울이고, 상대를 진정으로 받아들이며, 더 깊이 사랑하십시오.

예수님은 무턱대고 사람들의 삶에 참견하지 않으시고 문 밖에 서서 두드리시는 분입니다. 그분은 "누구든지 내 음성을 듣고 문을 열면 내가 그에게로 들어가 그와 더불어 먹고 그는 나와 더불어 먹으리라"(계 3:20)라고 말씀하셨습니다.

친밀감을 형성하려면 시간이 필요합니다. 친밀감에 한 번 손상을 받았다면 더더욱 그렇습니다. 하지만 이것은 마치 자물쇠 너머에 있는 무궁무진한 보물처럼 가치가 있습니다. 친밀감을 다시 형성하겠다는 사랑의 헌신은 그 자물쇠를 여는 열쇠가 될 것입니다. 기꺼이 이 도전을 받아들인 사람이라면 누구에게나 말입니다.

오늘의 부부수업

배우자와 정서적인 친밀감을 쌓기 시작하십시오. 배우자의 비밀을 지켜 주겠다고 결심하고(그 비밀이 배우자나 당신에게 위험하지 않다면) 그 부분을 놓고 기도하십시오. 배우자와 대화하고, 그의 말을 인정하면서 이야기를 들어주십시오. 배우자가 안정을 느낄 수 있도록 도와주십시오.

☐ 오늘의 수업을 완수했으면 여기에 표시하십시오.

──∞──

- "사람은 안정감을 느낄수록 더 많이 속마음을 보여 준다." 이 말은 당신의 지난 결혼 생활에 대해 무엇을 말해 줍니까?
- 비판적인 이야기를 꺼내지 않고 배우자의 이야기를 들어주는 것이 당신에게 얼마나 힘든 일입니까?
- 배우자의 이야기를 들으면서 오늘 그 사람에 대해 새롭게 배운 사실은 무엇입니까?

나는 내 사랑하는 자에게 속하였고, 내 사랑하는 자는 내게 속하였으며. (아 6:3)

"이 책을 믿고 희망을 잃지 마세요. 저도 그랬답니다."_프랜시스코

Day 18

사랑은 이해하려고 애씁니다

―――― ⋘✦⋙ ――――

지혜를 얻은 자와 명철을 얻은 자는 복이 있나니.

잠 3:13

    우리는 자신이 소중히 여기는 것들에 대해 가능한 한 많이 알려고 합니다. 축구를 좋아하는 사람은 응원하는 축구팀의 근황을 알려 주는 기사들을 찾아서 읽습니다. 요리를 좋아하는 사람은 새로운 조리법이나 디저트 레시피를 보여 주는 요리 채널과 블로그를 열심히 챙겨 봅니다. 우리의 관심을 끄는 소재가 있다면, 관련된 일이 있을 때마다 이목을 집중할 것입니다. 이는 사람을 연구할 때도 마찬가지입니다.

    물론, 다양한 관심사에 흥미를 보이고 선호하는 특정 영역에서 지식을 갖추는 것은 괜찮습니다. 그러나 당신에게 "배우자를 얼마나 아십니까?"라는 질문을 던진다면 어떻겠습니까?

연애 시절을 떠올려 보십시오. 당신의 마음이 그토록 갈망하던 그 사람을 열심히 연구하지 않았습니까?

남자가 여자의 마음을 얻기 위해 애쓸 때는 상대방을 열심히 연구합니다. 상대방이 좋아하는 것과 싫어하는 것, 습관과 취미를 익힙니다. 하지만 일단 상대방의 마음을 얻고 결혼에 골인한 다음에는, 아내에 대해 더 이상 알고 싶어 하지 않습니다. 상대방을 알아 가는 신비와 도전이 시들해지고, 남편의 관심사는 다른 쪽으로 흘러갑니다.

여자도 마찬가지입니다. 연애 시절, 늘 같이 있고 싶은 그 남자를 존경하고 칭찬을 아끼지 않습니다. 하지만 막상 결혼해 보니 '왕자'라고 생각했던 남편은 흠이 많고 불완전한 인간에 불과했고, 존경심과 칭송은 사그라지기 시작합니다.

그러나 당신이 배우자에게서 아직 발견하지 못한 좋은 점은 무궁무진합니다. 상대방에 대한 앎은 두 사람을 더욱 가깝게 만들어 줄 것입니다. 앎이 깊어질수록 당신은 배우자의 눈에 더 사랑스러워 보일 것입니다. "선한 지혜는 은혜를 베푸나"(잠 13:15).

이런 비유를 한번 생각해 보십시오. 결혼 전에 배우자를 연구한 분량이 고등학교 졸업장에 맞먹는다면, 당신은 '학사 학위'나 '석사 학위', 최종적으로 '박사 학위'를 얻기 위해 계속해서 연구에

정진해야 합니다. 배우자에 대한 연구는 두 사람을 하나로 이어 주는 평생 학습 과정이라고 생각하십시오.

- 배우자의 가장 큰 희망과 꿈은 무엇입니까?
- 사랑을 주고받는 방법 중, 상대방이 선호하는 방법은 무엇입니까?
- 배우자가 가장 두려워하는 것은 무엇이며, 왜 그 문제 때문에 힘들어 합니까?

부부 사이에 발생하는 문제 중에는, 상대방을 제대로 알지 못해서 생기는 것도 있습니다. 똑같은 상황을 두고도 두 사람의 대응 방식이 판이할 수 있는데, 당신은 그 원인을 이해하지 못할 뿐입니다. 이와 같은 차이가 (상대적으로 사소한 것이라 할지라도) 발전하여 큰 싸움과 갈등으로 번질 수도 있습니다. 성경이 말하듯, 우리는 자신이 알지 못하는 것을 '비방하는' 경향이 있기 때문입니다(유 10절).

남편이나 아내에게 자신만의 취향과 성향이 있는 데는 다 이유가 있습니다. 배우자의 성격에 드러나는 미묘한 차이점에는 어떤 배경이 있습니다. 그 사람의 성품과 사고방식, 기호의 각 요소에는 일련의 원칙이 있는데, 이 원칙은 그것을 소유한 본인에게만 의미 있을 때가 많습니다. 하지만 그 사람이 왜 그런 식으로 행동하는지는 연구해 볼 만한 가치가 있습니다.

배우자와 한때 공유했던 깊은 친밀감을 잃어버렸습니까? 상대방의 마음을 다시 여는 가장 좋은 방법은 상대방을 알아 가고자 하는 헌신을 다시 다짐하는 것입니다. 상대방을 연구하십시오. 정독을 요하는 책처럼, 뚜껑을 열어야 하는 보물 상자처럼 상대방을 파고드십시오.

질문을 던지십시오 성경은 "명철한 자의 마음은 지식을 얻고"(잠 18:15)라고 말합니다. 사랑은 대화를 먼저 시작합니다. 상대방의 마음 문을 열기 위해서는, 상대방을 알고자 하는 당신의 바람이 진심임을 알려야 합니다.

귀 기울이십시오 "미련한 자는 명철을 기뻐하지 아니하고 자기의 의사를 드러내기만 기뻐하느니라"(잠 18:2). 배우자를 이해하려는 목적은 당신의 생각을 상대에게 전달하기 위해서가 아니라, 상대의 이야기를 듣기 위해서입니다. 배우자가 말이 그리 많은 편이 아니더라도, 사랑은 그 사람 안에 있는 "깊은 물"을 길어 내라고 요청합니다(잠 20:5).

하나님께 분별을 구하십시오 "대저 여호와는 지혜를 주시며 지식과 명철을 그 입에서 내심이며"(잠 2:6). 성별, 가정환경, 다양한 인생 경험 같은 요인 때문에 배우자의 마음과 동기를 이해하는 데 어려움이 있을 수 있습니다. 그러나 하나님은 지혜를 주시는 분입니다. 하나님은 당신이 배우자를 더 잘 사랑하기 위해 알아야 할 것들을 보여 주실 것입니다.

"집은 지혜로 지어지고, 명철로 튼튼해진다. 지식이 있어야, 방마다 온갖 귀하고 아름다운 보화가 가득 찬다"(잠 24:3-4, 새번역). 상대방을 더 많이 알아 갈수록 아내나 남편에게서 발견하는 깊은 아름다움과 의미에 놀라게 될 것입니다. 기대감과 열정을 품고 신비 속으로 들어가십시오. 지금보다 더욱 그 사람을 알고자 하는 간절한 소망을 품으십시오. 배우자를 당신의 전공과목으로 삼으십시오. 그러면 당신의 가정은 사랑만이 가져올 수 있는 풍요로움으로 가득 차게 될 것입니다.

오늘의 부부수업

집에서 두 사람만을 위한 특별한 저녁식사를 마련하십시오. 두 사람이 좋아하는 음식을 준비하면 더 좋습니다. 이 시간 동안 배우자를 더 잘 알아가기 위해 집중하십시오. 특히 그동안 별로 이야기하지 못했던 부분을 이야기하면 좋습니다. 부부 모두에게 잊지 못할 저녁 시간이 될 수 있도록 준비하십시오.

☐ 오늘의 수업을 완수했으면 여기에 표시하십시오.

- 배우자에 대해 이전에 미처 알지 못했던 새로운 사실을 발견한 것이 있다면 무엇입니까?
- 어떻게 하면 이런 발견의 시간을 지속적으로 가질 수 있겠습니까?
- 저녁 시간을 특별하게 만들어 준 대화나 다른 계기가 있었다면 무엇입니까?

지혜가 제일이니 지혜를 얻으라. 네가 얻은 모든 것을 가지고 명철을 얻을지니라. (잠 4:7)

오늘의 수업에 도움이 될 만한 질문 목록은 276쪽에 있는 부록을 참고하십시오.

Day 19

사랑은 우리 힘으로 할 수 없습니다

*사랑하는 자들아, 우리가 서로 사랑하자. 사랑은 하나님께 속한 것이니
사랑하는 자마다 하나님으로부터 나서 하나님을 알고.*

요일 4:7

이 책은 어떤 비밀과 함께 시작됩니다. 하루하루 말로 드러나지 않는 요소임에도, 당신은 점점 더 많이 그것을 감지했을 것입니다. 이 비밀이란, 당신 혼자서는 무조건적인 사랑(혹은 아가페 사랑)을 할 수 없다는 사실입니다. 그것은 불가능합니다. 당신의 능력을 넘어서는 일입니다. 이 세상 그 누구도 할 수 없는 일입니다.

당신은 이 사실을 믿고 싶지 않을지도 모릅니다. 열심히 노력하고 헌신하면, 무조건적이고 변함없으며 희생적인 사랑을 스스로 할 수 있다고 확신할 수도 있습니다. 때로는 친절과 이타심을 보여줄 수 있을지도 모르고, 전보다 좀 더 사려 깊고 신중하게 행동하는 법을 배웠을 수도 있습니다. 하지만 어떤 사람을 무조건적으로, 사심 없이 사랑하는 것은 완전히 별개의 문제입니다.

예를 들어, 사랑하는데도 불구하고 속임수나 조종, 정욕이나 시기, 과잉반응이나 과장, 비판적인 생각이나 불친절한 생각에 빠진 적이 얼마나 많았습니까? 당신의 사랑이 분노를 억제하지 못한 경우는 또 얼마나 많았습니까? 사랑하는데도 흔쾌히 사과하거나 온전히 용서하지 못하고, 끊임없는 말다툼을 평화롭게 해결하지 못한 경우는 얼마나 됩니까?

이런 실패는 인류의 죄성, 곧 우리 '자신의' 죄성을 드러냅니다. 우리는 모두 하나님의 기준과 명령에 미치지 못했습니다(롬 3:23). 모든 사람은 이기심과 증오와 자존심으로 똘똘 뭉쳤습니다. 어떤 조치를 취해서 이런 불경한 속성을 정화하지 않는 한, 우리는 하나님 앞에 죄인으로 설 수밖에 없습니다(롬 6:23). 그렇기에 하나님과 올바른 관계를 맺지 못하면, 배우자를 진심으로 사랑할 수 없습니다. 하나님이야말로 사랑의 근원이시기 때문입니다.

자신이 소유하지도 않은 것을 남에게 줄 수는 없습니다. 아무것도 없는 내면에서 자원을 꺼내 올 수는 없는 노릇입니다. 이기적인 샘에서 이타적인 물이 흘러나올 수 없습니다. 수중에 동전 하나 없는데 선뜻 1억 원을 내놓을 수 없는 것처럼, 당신이 소유한 것보다 더 큰 사랑을 지불할 수는 없습니다. 노력은 가상하지만, 실패할 것입니다.

그 어떤 억압도 견뎌 낼 수 있는 순수한 사랑은 당신 몫이 아닙니다. 그것을 당신 안에서 찾으려 한다면 말입니다. 당신에게는 다른 공급원이 필요합니다. 그런 종류의 사랑을 전해 줄 다른 누군가가 필요합니다. 그런데 여기 좋은 소식이 있습니다. 당신과 당신의 배우자를 향한 하나님의 크신 사랑 때문에, 하나님은 '당신을 통해' 그분의 사랑을 표현할 수 있는 길을 열어 주셨습니다.

"사랑은 하나님께 속한 것이니"(요일 4:7). 우리가 사랑을 발견하기 위해서는 하나님의 아들 예수 그리스도께 향해야 한다고 성경은 끊임없이 이야기합니다. 하나님은 예수 그리스도를 이 땅에 보내셔서 완전한 사랑의 본보기와 근원이 되게 하셨습니다. 우리가 자신의 이기심에서 벗어나, 예수님께 우리 삶에 들어오셔서 우리를 다스려 달라고 진실하게 구할 때만이, 사랑에 대한 우리의 깊은 필요가 채워지고 사랑할 수 있는 능력이 발휘되기 시작합니다. 마치 포도나무에 붙어 있지 않은 가지처럼, 예수님은 "나를 떠나서는 너희가 아무것도 할 수 없음이라"(요 15:5)라고 말씀하셨습니다. 여기에는 배우자를 무조건적으로 사랑하는 것도 포함됩니다.

하지만 그분은 계속해서 이렇게 말씀하셨습니다. "너희가 내 안에 거하고 내 말이 너희 안에 거하면 무엇이든지 원하는 대로 구하라. 그리하면 이루리라"(요 15:7). '거한다'라는 말은 아주 가까운 사이라는 뜻인데, 이는 종교 용어가 아니라 영적인 초대입니다. 예수님과 날마다 관계를 맺음으로써 당신은 "지식에 넘치는 그리스도의 사랑을 알고 … 하나님의 모든 충만하신 것으로 … 충만하게"(엡 3:18-19) 될 수 있습니다. 그러면 당신도 사랑할 수 있습니다. 무조건적으로….

당신이 그리스도께 항복할 때, 그분의 능력은 당신을 통해 역사하십니다. 그분은 "우리 가운데서 역사하시는 능력대로 우리가 구하거나 생각하는 모든 것에 더 넘치도록 능히 하실 이"십니다(엡 3:20). 이런 방법으로 당신도 배우자를 사랑할 수 있습니다.

따라서 당신이 믿음 가운데 손을 내밀어 당신을 향한 하나님을 사랑을 받기만 하면, 당신의 부족함과 무능력(패배감을 느끼는 만큼)은 해피엔딩을 가져올 것입니다. 매 순간 당신의 부족함을 인정하고 예수님의 능력을 신뢰한다면, "우리에게 주신 성령으로 말미암아 … 우리 마음에 부은바"(롬 5:5) 된 그분의 사랑이 언제나 우리 안에 넘쳐흐를 것입니다.

하나님 없이 혼자서는 도무지 할 수 없습니다. 하지만 사람들은 '그분과 함께라면' 할 수 있다는 것을 끊임없이 발견합니다.

어쩌면 당신은 그리스도께 마음을 드린 적은 없지만, 오늘 그분이 가까이 계심을 느낄 수도 있습니다. 자신이 하나님의 계명을 어겼다는 사실을 처음으로 깨닫고, 그 죄책감 때문에 하나님을 알 수 없으리라고 생각할지도 모릅니다. 하지만 성경은 죄에서 돌이켜 회개하고 하나님께로 향하면, 하나님께서 그 아들이 십자가에서 치르신 희생을 보고 당신을 용서해 주신다고 말합니다. 하나님은 당신을 종으로 삼기 위해서가 아니라 자유롭게 하시려고 당신을 쫓고 계십니다. 하나님의 사랑과 용서를 받은 당신은, 당신이 가장 특별하게 사랑하도록 부름받은 한 사람과 그것을 나눌 수 있습니다.

그리스도인이라고는 하지만, 하나님과의 교제에서 멀어진 사람이 있을지도 모르겠습니다. 말씀도 보지 않고, 기도도 하지 않고, 심지어 교회도 더 이상 나가지 않습니다. 한때 온몸으로 느꼈던 사랑은 어디론가 흔적도 없이 사라져 버렸습니다.

하지만 진실은 분명합니다. 당신은 하나님 없이 살 수 없고, 하나님 없이 사랑할 수 없습니다. 그분을 온전히 신뢰할 때 그분이 당신의 결혼 생활을 어떻게 뒤바꾸어 놓을지는 아무도 알 수 없습니다.

오늘의 부부수업

지금까지 읽은 내용을 다시 한 번 되돌아보십시오. 이 수업들이 배우자를 사랑하기 힘든 당신의 어려움을 드러내 줍니까? 당신이 할 수 없는 일이 있었습니까? 하나님이 당신의 마음을 바꾸셔서 사랑할 수 있는 능력을 주셔야 한다고 절실하게 느낀 적이 있습니까? 그분께 당신의 지금 상황을 밝히 보여 주시고, 그분을 찾고 발견하고 그분과 동행할 수 있는 은혜를 달라고 간구하십시오.

☐ 오늘의 수업을 완수했으면 여기에 표시하십시오.

───∞───

- 하나님이 당신에게 어떤 말씀을 주고 계신다고 생각합니까?
- 마음에 감동이 있습니까?
- 그에 대한 반응으로 무엇을 결심했습니까?

사람으로는 할 수 없으나 하나님으로서는 다 하실 수 있느니라. (마 19:26)

"나는 이 책에서 사랑을 배우는 과정이 나 자신이
하나님과 관계를 형성하는 과정이라는 것을 깨달았습니다." _코니

Day 20

사랑은 예수 그리스도이십니다

우리가 아직 연약할 때에 기약대로
그리스도께서 경건하지 않은 자를 위하여 죽으셨도다.

롬 5:6

하나님이 당신을 사랑하신다고 느낍니까? 당신은 마음 깊은 곳에서 그렇게 느껴야 합니다. 당신을 향한 그분의 사랑을 먼저 느끼기 전에는 다른 사람을 온전히 사랑할 수 없습니다. "사랑하지 아니하는 자는 하나님을 알지 못하나니 이는 하나님은 사랑이심이라"(요일 4:8).

하나님은 당신을 창조하시고 숨을 불어 넣으시고 당신의 생명을 유지해 주시는 것으로도 당신을 사랑하시지만, 그분의 아들이라는 선물을 통해 당신을 가장 많이 사랑하셨습니다. 성경에서 가장 유명한 구절은 이렇게 말합니다. "하나님이 세상을 이처럼 사랑하사 독생자를 주셨으니 이는 그를 믿는 자마다 멸망하지 않고 영생을 얻게 하려 하심이라"(요 3:16).

오랫동안 세상의 수많은 사람이, 우리를 향한 하나님의 크신 사랑과 우리에게 주신 가장 위대한 제안을 요약해 준 진리들을 통해 하나님의 사랑을 발견하고 그분과 관계를 맺었습니다. 예수님은 당신을 "찾아 구원하러" 오셨습니다(눅 19:10, 새번역). 그렇다면 무엇으로부터 구원해 주셨습니까?

성경은 우리 각자가 날 때부터, 즉 이 세상에 도착한 순간부터 죄인이라고 말합니다(시 51:5). 그리고 나서 우리는 자신의 선택을 통해 자만심과 속임수, 증오, 정욕, 권위에 대한 반항을 품고 감사할 줄 모르는 사람이 됩니다. 하나님을 두려워하지도 않고 알지도 못합니다(롬 3:9-20). "무릇 우리는 다 부정한 자 같아서 우리의 의는 다 더러운 옷 같으며"(사 64:6).

하지만 하나님은 이 땅을 굽어 살피시어 우리의 무지와 더러운 형편을 보셨습니다(시 14:2-3). 하나님은 자신이 개입하지 않으면, 우리 스스로 정결해지거나 선해져서 그분과 동행하거나 천국에서 영원을 함께할 소망이 전혀 없다는 것을 아셨습니다.

하나님은 그분의 정의를 실현하기 위해 우리의 죄를 심판해야 한다는 것도 아셨습니다(롬 6:23). 그렇다고 하나님이 죄 없는 사람들을 지옥에 떨어뜨리시는 것은 아닙니다. 우리에게는 죄가 있습니다. 지옥에 가야 마땅한 사람들입니다. 이 땅의 마지막 한 사람까지 모두가 그렇습니다(엡 2:1-7).

하지만 사랑과 자비가 풍성하신 하나님은 "자기 외아들을 세상에 보내 주셔서 우리로 하여금 그로 말미암아 살게"(요일 4:9, 새번역) 해주셨습니다. 예수 그리스도는 "우리 죄를 자기의 몸에 몸소 지시고서, 나무에 달리셨습니다. 그것은, 우리가 죄에는 죽고 의에는 살게 하시려는 것이었습니다."(벧전 2:24, 새번역). 예수님의 죽음으로, 우리가 사랑받지 못하고 무가치한 존재라는 사실이 무효화되었습니다. 만약 당신이 그것을 느끼지 못한다면, 십자가를 바라보지 않기 때문입니다. 예수님은 십자가에서 당신을 향한 사랑을 증명하셨습니다.

우리는 이토록 깊은 사랑을 온전히 이해할 수 없습니다. "의인을 위하여 죽는 자가 쉽지 않고 선인을 위하여 용감히 죽는 자가 혹 있거니와 우리가 아직 죄인 되었을 때에 그리스도께서 우리를 위하여 죽으심으로 하나님께서 우리에 대한 자기의 사랑을 확증하셨느니라"(롬 5:7-8).

그 무엇으로도 이 사랑을 살 수 없습니다. "너희는 그 은혜에 의하여 믿음으로 말미암아 구원을 받았으니, 이것은 너희에게서 난 것이 아니요 하나님의 선물이라. 행위에서 난 것이 아니니 이는 누구든지 자랑하지 못하게 함이라"(엡 2:8-9).

그러나 이 사랑을 반드시 받아야만 합니다. "네가 만일 네 입으로 예수를 주로 시인하며 또 하나님께서 그를 죽은 자 가운데서 살리신 것을 네 마음에 믿으면, 구원을 받으리라"(롬 10:9).

이 새 생명과 사랑을 온전히 받아 누릴 때, 이전에는 절대 불가능했던 방식으로 자유롭게 사랑할 수 있습니다.

"그가 우리를 위하여 목숨을 버리셨으니 우리가 이로써 사랑을 알고 우리도 형제들을 위하여 목숨을 버리는 것이 마땅하니라. … 그의 계명은 이것이니 곧 그 아들 예수 그리스도의 이름을 믿고 그가 우리에게 주신 계명대로 서로 사랑할 것이니라"(요일 3:16, 23).

당신이 실패한 모든 것, 이룰 수 없었던 모든 일, 허비한 모든 시간…. 당신을 먼저 사랑하시고 생명을 허락하신 그분 손에 당신의 삶을 온전히 맡길 때, 이 모든 것은 용서받고 제자리를 찾을 수 있습니다.

이것을 아직 해보지 않은 사람이라면, 바로 오늘이 기회입니다. "보라 지금은 은혜 받을 만한 때요, 보라 지금은 구원의 날이로다"(고후 6:2).

예전에 해본 사람 중에서도, 자신의 영적인 뿌리에서 멀어진 사람이 있을지도 모릅니다. 그런 사람이라면 "회개하고 돌이켜 죄 씻음을 받으십시오. 이같이 하면 주님 앞에서 새롭게 되는 날이 올 것"(행 3:19, NASB)입니다.

하나님은 당신이 사랑받을 자격이 없었을 때에도, 그 사랑에 보답할 줄 모를 때에도 기꺼이 사랑해 주셨습니다. 그 모든 결점과 단점에도 불구하고, 당신을 사랑해 주셨습니다. 당신의 가장 절실한 필요를 채워 주시기 위해 가장 큰 희생을 치르셨습니다. 그 결과 그분의 은혜로 당신은 하나님의 충만한 사랑 가운데 살게 되었습니다. 지금부터 영원히….

당신도 배우자에게 이런 사랑을 베풀 수 있습니다. 상대방이 내 사랑을 몰라 줄 때에도 사랑할 수 있습니다. 상대방의 결점과 단점에도 불구하고 그 사람을 사랑할 수 있습니다. 당신은 그분의 도구, 곧 하나님이 배우자의 필요를 채워 주기 위해 준비한 가장 개인적인 통로가 될 수 있습니다. 그 결과, 배우자는 당신의 충만한 사랑 가운데 살게 됩니다. 지금부터 죽을 때까지….

그리스도 안에만 진정한 사랑이 있습니다. 우리를 대신한 그분의 죽음과 죄 사함으로 새 생명의 선물을 받은 사람은, 이제 진정으로 사랑의 삶을 살아갈 준비가 되었습니다.

오늘의 부부수업

하나님의 말씀을 그대로 믿으십시오. 예수 그리스도의 구원을 그대로 신뢰하십시오. 이렇게 기도하십시오. "주 예수님, 저는 죄인입니다. 하지만 주님이 저를 사랑하시고 저의 죄를 용서하기 위해 돌아가신 것을 압니다. 죽음에서 부활하셔서 저를 구원해 주시기 위해 당신의 능력을 입증하셨습니다. 주님, 제 마음을 바꿔 주시고 당신의 은혜로 구원해 주소서. 당신의 사랑을 채워 주소서. 아멘."

☐ 오늘의 수업을 완수했으면 여기에 표시하십시오.

- 오늘 실천한 내용에 대한 소감문을 간단하게 작성해 보십시오.
- 하나님의 사랑을 받고 표현하겠다는 헌신을 다시 다짐하는 과정 중에 하나님이 보여 주신 것은 무엇입니까?

그의 사랑과 그의 자비로 그들을 구원하시고. (사 63:9)

그리스도가 제안하신 구원에 대해 더 알고 싶으면, 292쪽에 있는 부록을 보십시오.

Day 21

사랑은 하나님 안에서 만족합니다

여호와가 너를 항상 인도하여
메마른 곳에서도 네 영혼을 만족하게 하며.

사 58:11

어제의 수업은 40일간의 여정 가운데, 아니 어쩌면 당신 일생에서 가장 중요한 날이었습니다. 인간이라면 누구나 갈구하는 필요를 다루었기 때문입니다. 당신은 자신의 재능과 자원으로는 죄가 남긴 얼룩이나 피해를 도무지 씻을 수 없다는 사실과, 당신이 잃어버린 것을 채워 주기 위해 하나님이 보내신 분이 예수님이라는 사실을 이미 알고 있을 수도 있고 이번에 처음 깨달았을 수도 있습니다.

믿음으로 예수님을 받아들여 그분이 당신 인생을 이끄시도록 내어 드린다면, 성령님이 바로 지금 당신의 마음을 새롭게 하고 채우실 것입니다. 당신이 하는 모든 일에 그분의 지혜와 은혜와 능력이 스며들 것입니다. 물론, 당신의 결혼 생활에도….

하지만 이러한 변화를 처음 맞은 사람이든 기존에 예수 그리스도를 따르던 사람이든, 다음의 한 가지 사실만큼은 꼭 붙들어야 합니다. 우리에게는 날마다 하나님이 필요하다는 사실 말입니다. 하나님만이 우리에게 만족을 주실 수 있기 때문입니다. 그분과 동행하는 삶은 파트타임이 아닙니다.

사람들은 돈이나 명예, 성취, 권력이 행복을 가져다준다고 생각할 때가 많습니다. 솔로몬 왕은 이 모든 것을 엄청나게 많이 소유했지만, '모든 것이 다 헛되어 바람을 잡는 것'이라고 반복해서 말했습니다(전 2:1-25). 그는 모든 좋은 것이 하나님의 손에서 나오기에 "그분께서 주시지 않고서야, 누가 먹을 수 있으며, 누가 즐길 수 있겠는가?"라고 결론을 내렸습니다(25절, 새번역).

그런데도 우리는 우울할 때마다 우리가 원하는 것을 손에 넣지 못해서 그렇다고 생각합니다. 하나님이 그분보다 더 우리를 만족시켜 줄 수 있는 것(우리 배우자조차)을 이 땅에 창조하지 않으셨다는 사실을 깨닫지 못합니다. 하나님은 우리 내면에 갈망을 만드셔서, 우리가 그분을 찾고 천상의 공급으로 채워지게 하십니다. 우리는 그분 안에서만 진정한 사랑과 희락과 화평을 찾을 수 있습니다(갈 5:22).

남편은 또다시 집에 늦게 들어올 것입니다. 하지만 하나님은 항상 제시간에 오실 것입니다. 아내에게 또다시 실망하지 말란 법은 없습니다. 그러나 하나님은 언제나 약속을 지키시는 신뢰할 만한 분입니다.

우리는 날마다 배우자에게 기대를 겁니다. 어떤 날은 그 기대에 부응하기도 하고, 또 어떤 날은 그렇지 못합니다. 하지만 배우자가 당신의 모든 요구를 완벽하게 만족시켜 주는 것은 불가능합니다. 당신의 요구가 터무니없을 수도 있고, 배우자는 연약한 인간에 불과하기 때문입니다.

그러나 하나님은 인간과 다릅니다. 삶의 필요를 하나님께만 의지하는 사람은 그분이 얼마나 믿음직한 분인지 날마다 깨달을 것입니다.

배우자가 내면의 평안을 가져다줄 수 있습니까? 아닙니다. 하지만 하나님은 하실 수 있습니다. "아무것도 염려하지 말고 다만 모든 일에 기도와 간구로, 너희 구할 것을 감사함으로 하나님께 아뢰라. 그리하면 모든 지각에 뛰어난 하나님의 평강이 그리스도 예수 안에서 너희 마음과 생각을 지키시리라"(빌 4:6-7).

어떤 일이 닥칠지라도 당신의 배우자는 당신에게 만족을 줍니까? 아닙니다. 하지만 하나님은 하실 수 있습니다. "나는 어떤 처지에서도 스스로 만족하는 법을 배웠습니다. … 그 어떤 경우에도 적응할 수 있는 비결을 배웠습니다. 나에게 능력을 주시는 분 안에서, 나는 모든 것을 할 수 있습니다"(빌 4:11-13, 새번역).

그러니 다른 어떤 물건이나 사람이 당신의 필요를 끊임없이 채워 주리라는 기대감을 버리십시오. 그런 기대는 당신에게 좋지도 않고, 상대에게 공평하지도 않습니다. 그분을 의지하는 법을 배우면, 하나님만이 "자기의 풍성하심을 따라 그리스도 예수 안에 있는 영광으로 여러분에게 필요한 것을 모두 채워 주실 것입니다"(빌 4:19, 새번역).

사랑과 친밀감, 인정, 평안, 기쁨, 타당성에 대한 필요는 현실적입니다. 아무도 그것이 부당한 요구라고 말하지는 않을 것입니다. 하지만 늘 변하고 불안정한 것들(건강, 돈, 배우자의 애정, 좋은 의도)에 마음을 두지 말고 하나님께 눈을 향하십시오. 인생에서 변하지 않는 것은 그분밖에 없습니다. 하나님의 신실하심과 진리, 자녀에게 하신 약속은 언제나 변함없을 것입니다. 그래서 우리는 날마다 그분을 힘써 찾아야 합니다.

당신이 세상 것에서 행복을 추구한다면, 하나님을 놓쳐 버리고 행복하지도 않을 것입니다. 하지만 하나님을 사랑하고 기쁘시게 하는 일에 푹 빠지면, 당신은 하나님과 친밀한 관계를 맺을 뿐 아니라, 그분이 주시는 뜻밖의 행복까지 덤으로 누릴 것입니다. 성경은 "또 여호와를 기뻐하라. 그가 네 마음의 소원을 네게 이루어 주시리로다"(시 37:4)라고 말합니다. 그분을 가장 먼저 찾고, 가장 먼저 사랑하며, 그분과의 관계를 최우선 순위에 둘 때, 그분은 당신에게 꼭 필요한 것, 다시 말해 당신을 만족시키는 데 필요한 모든 것을 공급하겠다고 약속하십니다.

한번은 예수님이 사마리아 우물가의 여인에게 말씀하신 적이 있습니다. 그 여인은 다섯 번의 결혼 생활로 자신의 필요를 채워 보려 애썼지만, 번번이 실패했습니다. 자기 인생도, 물동이도 텅 비어 버린 여인은 상하고 강퍅한 마음으로, 하지만 여전히 갈급한 심령으로 우물가에 나아왔습니다. 여인은 그리스도 안에서 그분이 말씀하신 '생수'를 찾았습니다(요 4:10). 그것은 육신의 목마름만 잠깐 가시게 해주는 평범한 물이 아니었습니다. 예수님은 여인에게 끊임없이 솟아올라 영혼의 갈급함을 해갈해 주는 생수를 주셨습니다. 그리고 당신의 배우자가 어떤 사람이든, 품행이 어떻든 상관없이, 당신에게도 매일 밤낮으로 이 생수를 부어 주실 것입니다.

다윗 왕은 하나님께 이렇게 노래했습니다. "주의 앞에는 충만한 기쁨이 있고 주의 오른쪽에는 영원한 즐거움이 있나이다"(시 16:11). 당신은 매일 하나님을 공급받습니다. 그분이야말로 당신에게 필요한 모든 것입니다.

오늘의 부부수업

일부러 짬을 내서 기도하고 성경 읽는 시간을 가지십시오. 시편이나 잠언을 하루에 한 장씩 읽거나, 요한복음에서 한 장씩 읽으십시오. 말씀을 읽고 기도하며 당신을 향한 하나님의 사랑을 깊이 묵상하고, 그분의 약속과 평안 가운데 쉼을 얻으십시오. 하나님과 동행하는 가운데 당신은 더욱 성장할 것입니다.

☐ 오늘의 수업을 완수했으면 여기에 표시하십시오.

- 날마다 하나님과 함께하는 시간을 가지면 당신의 상황과 관점이 변한다는 사실에 대해 어떻게 생각합니까?
- 어떻게 하면 하루 중에 하나님과 더 많은 시간을 보낼 수 있겠습니까?

주는 주의 손을 열어 살아 있는 모든 것들의 소원을 채워 주십니다. (시 145:16, 쉬운성경)

"하나님이야말로 어떤 상황도 헤쳐 나가실 수 있는 분이라는 것을 진정으로 믿습니다. 이 책의 도전이 이런 내 믿음을 증명해 줍니다."_사만다

Day 22

사랑은 신실합니다

―― ❦ ――

진실함으로 네게 장가들리니 네가 여호와를 알리라.
호 2:20

사랑은 그리스도인의 온전한 정체성의 기초입니다. 하나님은 그분의 자녀 된 우리에게 '사랑받은 자'라는 이름을 주시는데, 이 말은 '하나님이 무조건적으로 사랑하신 사람들'이란 뜻입니다. 그로 인해 하나님을 사랑하고 다른 사람들을 사랑하는 것이 우리 삶의 초점이 됩니다.

예수님은 하나님이 우리에게 주신 가장 큰 계명을 다음과 같이 확실히 말씀해 주셨습니다. "네 마음을 다하며 목숨을 다하며 힘을 다하며 뜻을 다하여 주 너의 하나님을 사랑하고 또한 네 이웃을 네 자신같이 사랑하라"(눅 10:27).

세상 사람들은 우리가 다른 사람을 사랑하는 모습을 보고 우리를 그리스도의 제자로 구분합니다(요 13:35). 사랑은 우리 존재의 뿌리이자 터이며(엡 3:17), 뜨겁고 열정적으로 드러나야 합니다. 우리에게는 사랑이 더욱 많아 넘쳐서(살전 3:12), 사랑에 능하고 사랑으로 충만한 사람이 되어야 합니다.

그런데 사랑을 베푸는 사람으로 창조된 우리가 사랑을 거부당한다면 어떻게 해야 하겠습니까? 평생 함께하기로 서약한 사람이 당신이 베푸는 사랑을 더 이상 받아들이지 않겠다고 한다면 어떡하겠습니까?

호세아 선지자의 이야기는 성경에서 가장 놀라운 이야기입니다. 하나님은 상식과 논리에 완전히 어긋나는데도, 호세아에게 창녀와 결혼하라고 하셨습니다. 하나님은 호세아의 결혼을 통해 우리를 향한 하나님의 무조건적인 사랑이 어떤 모습인지 보여 주려 하셨습니다. 호세아는 고멜과 결혼해서 세 아이를 두었지만, 오랫동안 방탕하게 산 고멜은 예상대로 한 남자와의 신실한 결혼 생활에 만족하지 못했습니다. 아내에게서 버림받은 호세아는 깨진 마음과 수치심에 괴로워했습니다.

호세아는 아내를 사랑했지만, 고멜은 그의 사랑을 차 버렸습니다. 두 사람이 조금씩 가까워지나 싶었지만, 고멜은 또다시 낯선 남자들과 바람이 나서 남편을 버리고 외도를 했습니다.

시간이 흘러, 하나님이 다시 호세아에게 말씀하셨습니다. 번번이 신실하지 못했던 고멜에게 가서 호세아의 변함없는 사랑을 고백하라고 하신 것입니다. 이제 고멜은 최악의 상황에 빠져서 추악하고 쓸모없는 노예로 팔려간 형국이었습니다. 그런데도 호세아는 몸값을 지불하고 고멜을 집으로 데려왔습니다. 그동안 고멜은 호세아의 사랑을 우습게 여겼고, 그의 마음에 배신으로 보답했습니다. 그렇지만 호세아는 조건 없는 사랑으로 고멜을 다시 받아들였습니다.

이 이야기는 물론 실화이지만, 다른 한편으로 인간을 향한 하나님의 사랑을 보여 주는 예화이기도 합니다. 하나님은 우리에게 측량할 수 없는 은혜를 베풀어 주시지만, 우리는 눈길 한 번 주지 않을 때가 많습니다. 때로는 고약하게도 그분의 사랑을 방해거리로 여길 때도 있습니다. 우리 마음대로 할 수 없도록 막으신다고 생각하는 것입니다. 영원한 구원의 선물을 받은 이후에도 우리는 얼마나 여러 모양으로 그분을 거부했는지 모릅니다. 그런데도 그분은 여전히 우리를 사랑하십니다. 여전히 신실하십니다.

그렇지만 하나님이 아무리 사랑이 많은 분이라 해도, 그분에 대한 잘못된 처우를 그냥 두고 보시지만은 않습니다. 우리는 그분의 사랑을 거부한 대가를 치를 때가 생각보다 많습니다. 하지만 하나님은 계속해서 은혜와 자비로 다가오십니다. "우리는 그리스도 안에서 그의 은혜의 풍성함을 따라 그의 피로 말미암아 속량 곧 죄 사함을 받았느니라"(엡 1:7). 우리는 하나님을 보면서, 사랑이 거절당했을 때 어떻게 해야 하는지 답을 얻습니다. 사랑은 그럼에도 불구하고 신실합니다.

예수님은 산상수훈에서 이런 사랑을 당부하십니다. "너희 원수를 사랑하며, 너희를 미워하는 자를 선대하며, 너희를 저주하는 자를 위하여 축복하며, 너희를 모욕하는 자를 위하여 기도하라"(눅 6:27-28). "너희가 만일 너희를 사랑하는 자만을 사랑하면 칭찬받을 것이 무엇이냐? 죄인들도 사랑하는 자는 사랑하느니라. 너희가 만일 선대하는 자만을 선대하면 칭찬받을 것이 무엇이냐? 죄인들도 이렇게 하느니라"(눅 6:32-33).

또한 예수님은 이렇게 말씀하셨습니다. "오직 너희는 원수를 사랑하고 선대하며 아무것도 바라지 말고 꾸어 주라. 그리하면 너희 상이 클 것이요 또 지극히 높으신 이의 아들이 되리니, 그는 은혜를 모르는 자와 악한 자에게도 인자하시니라"(눅 6:35).

결혼식장에서는 결혼 상대가 훗날 당신의 '원수'(당신이 힘겹고 고통스럽게 희생해야만 사랑할 수 있는 상대)가 되리라고는 도무지 상상할 수 없을 것입니다. 하지만 실제 결혼 생활을 하다 보면, 그 수준까지 상태가 악화되는 경우가 매우 흔합니다. 슬픈 현실이지만, 배신이나 부정까지 발생하기도 합니다.

비극은 이제부터 시작입니다. 어떤 사람들은 급히 이혼으로 마무리합니다. 남의 눈을 의식해서 자신의 명성을 보호하려는 사람들은 가식적인 연극을 합니다. 하지만 다시 사랑하려는 마음이 없기에, 이 가짜 연극조차 좋을 리 만무합니다.

그리스도의 제자들은 이런 본을 따라서는 안 됩니다. 그분의 사랑은 상대방이 거절하더라도 멈추지 않습니다. 당신의 사랑이 그와 같으려면, 그분의 사랑에서부터 시작해야 합니다.

하나님이 자격 없는 당신을 그렇게 사랑하셨기에, 당신도 자격 없는 배우자에게 사랑을 베풀 수 있습니다. 반복해서, 참으면서 말입니다. 가장 받을 자격 없는 사람들에게 베푸는 사랑이야말로 가장 큰 사랑이 아니겠습니까?

하나님만이 주실 수 있는 그런 사랑으로 당신을 가득 채워 달라고 간구하십시오. 그리고 하나님의 사랑에 감사하는 마음으로 그 사랑을 배우자에게 베풀겠다고 다짐하십시오. 그것이야말로 아름다운 구속의 사랑이요, 신실함의 능력입니다.

오늘의 부부수업

사랑은 감정이 아니라 선택입니다. 반사 행위가 아니라 솔선수범하는 행위입니다. 오늘은 배우자가 당신의 사랑에 별반 관심이 없더라도 사랑하기로 결심하십시오. 다음과 같은 말을 상대방에게 해보십시오. "사랑합니다. 제 사랑에 당신이 아무런 반응을 안 하더라도 계속해서 사랑할 거예요."

☐ 오늘의 수업을 완수했으면 여기에 표시하십시오.

- 그리스도의 사랑이 당신의 심장에서 뛰지 않으면 이런 사랑이 불가능한 까닭은 무엇입니까?
- 하나님의 임재는 상대방이 아무런 반응이 없을 때도 계속해서 사랑할 수 있도록 어떻게 당신을 도와줍니까?

내가 진리의 길을 선택했습니다. (시 119:30, 쉬운성경)

"이제 3주가 되었는데, 아내가 변화를 눈치채기 시작한 것 같습니다."_밥

Day 23

사랑은 언제나 보호합니다

사랑은 모든 것을 덮어 주며.

고전 13:7, 새번역

처음부터 원수지간으로 결혼하는 부부는 없습니다. 사람들은 평생 사랑하겠다는 희망에 부풀어 결혼합니다. 하지만 높은 이혼율은, 부부가 결혼식장을 나서는 순간부터 그들을 무너뜨리려는 온갖 방해물의 지뢰밭으로 들어서게 됨을 증명해 줍니다. 안타깝지만, 모든 결혼 생활에는 적이 도사리고 있습니다.

그래서 사랑은 정신을 차려 우리에게 가장 소중한 것을 지키고, 기꺼이 앞으로 나가 적극적으로 싸우게 만듭니다. 그것은 배우자를 보호하고 부부의 연합을 지키기 위해 싸우는 전쟁입니다.

이제, 배우자와 결혼 생활을 끊임없이 보호하기 위해 당신이 주의하고 관여해야 할 잠재적인 공격의 예를 몇 가지 소개하겠습니다. 수동성이 아닌 책임감이야말로 다음과 같은 문제들로부터 결혼 생활을 지킬 수 있는 열쇠입니다.

잘못된 우선순위 아무리 좋은 것이라도 거기에 온통 마음을 빼앗긴다면 해로운 것으로 변할 가능성이 있습니다. 친구, 취미, 일은 적정 수준으로 균형을 유지해야 합니다. 집에 거의 들어가지 않거나 관계가 끊어져 있을 때는 가정을 지킬 수 없습니다. 자녀는 분명히 중요한 우선순위이기는 하지만, 자녀 양육도 강력한 결혼 생활이라는 기초 위에 있어야 합니다. 부모가 이 우선순위를 뒤바꾸어 결혼 생활보다 자녀를 우선순위에 둔다면, 결혼 생활이 약화되면서 장기적으로는 자녀에게 상처를 줄 수 있습니다. 이혼하는 사람들이 둘러대는 가장 흔한 변명이 "아이들을 위해 최선이다"라는 말입니다. 하지만 아이들에게 최선은, 서로 무조건적인 사랑을 표현하고, 계속해서 헌신하며, 차이를 인정하고, 용서하고, 오래 참는 부모를 지켜보는 것입니다.

건강하지 못한 관계 모든 사람이 좋은 친구의 자질을 갖춘 것은 아닙니다. 당신이 어울려 다니는 친구들이 다 결혼 문제에 올바른 조언을 해주지는 않습니다. 가끔씩 만나 점심 식사를 같이 하는 친구들이 모두 헌신과 우선순위에 대해 제대로 된 관점을 가진 것은 아닙니다. 사실, 당신의 결혼 생활을 은근히 깎아내리는 사람들은 당신에게 조언할 자격이 없습니다.

해로운 영향력 혹시 당신은 가정을 망가뜨리는 특정한 습관들을 방치하고 있지는 않습니까? 첨단 기술과 텔레비전, 인터넷은 생활의 활력소와 즐거움이 될 수 있지만, 불건전한 내용물을 보여 줄 수도, 가족 간의 단란한 시간을 앗아 갈 수도 있습니다. 당신의 마음을 빼앗거나 시간을 훔쳐 가는 것은 무엇이든 주의하고 조심해야 합니다.

성적인 유혹 직장과 헬스클럽, 교회에서의 이성 관계가 당신의 배우자에게서 정서적으로 멀어지게 하는 일이 없도록 항상 조심하십시오. 요즘에는 소셜네크워크의 무분별한 사용 때문에 많은 이혼이 발생합니다. 옛 친구나 과거 애인의 웃는 사진에 마음을 빼앗김으로 당신의 배우자에게서 멀어져 위험에 빠질 수도 있습니다. 배우자에 대한 애정을 앗아 가는 관계는 어떤 관계라도 이미 너무 멀리 간 것입니다. 당신이 호감과 매력을 느끼는 사람에 대해서는 특별히 더 조심하는 것이 지혜로운 길입니다. 그런 이들과는 정서적으로 더 먼 거리를 유지해야 합니다. 왜입니까? 당신의 사랑이 그 이유입니다.

수치심 사람은 누구나 열등감과 단점 때문에 고민합니다. 결혼은 그런 약한 부분을 자신과 배우자에게 완전히 드러내는 관계이므로, 아내나 남편을 보호하려면 공개적으로 그런 약점을 비난하지 않도록 조심해야 합니다. 배우자의 비밀은 바로 당신의 비밀입니다(물론, 그 비밀이 당신과 배우자, 자녀를 중대한 위기에 빠뜨리는 파괴적인 행동을 일으키지 않는 한에서). 대개 사랑은 상대방의 결점을 감추고, 그들의 수치심을 가려 줍니다.

기생충 기생충을 조심하십시오. 기생충은 당신이나 배우자에게 딱 달라붙어 결혼 생활의 숨통을 끊어 놓습니다. 기생충은 대개 도박이나 약물, 음란물 등에 대한 중독 형태를 띱니다. 처음에는 쾌락을 가져다준다고 약속하지만, 병균처럼 퍼져 당신의 생각과 시간과 돈을 갉아먹습니다. 사랑하는 사람에 대한 충절과 사랑을 앗아 갑니다. 기생충이 생기면 결혼의 회생 가능성은 희박해집니다. 진정으로 배우자를 사랑한다면, 당신의 마음을 물들인 중독을 반드시 끊어야 합니다. 그렇지 않으면 당신부터 무너지고 말 것입니다.

아내가 결혼 생활에서 감당해야 할 보호자의 역할이 있습니다. 현실 감각을 흐리게 하고 남편에 대한 이상한 기대감만 높이는 소설이나 잡지, 기타 오락거리에 마음이 홀리지 않도록 주의하십시오. 가족에게서 한눈팔게 만드는 토크쇼 생각은 적당히 하고, 남편이 더 힘을 발휘할 수 있도록 돕는 역할을 잘 감당해야 합니다. "지혜로운 여인은 자기 집을 세우되, 미련한 여인은 자기 손으로 그것을 허느니라"(잠 14:1).

남편은 가정의 머리입니다. 하나님 앞에서 아내와 결혼 생활을 위협하는 모든 문제로부터 가정을 지켜야 할 책임이 있습니다. 그것은 결코 만만하게 볼 책임이 아닙니다. 용기와 솔선수범이 필요합니다. 예수님은 "만일 집주인이 도둑이 어느 시각에 올 줄을 알았더라면 깨어 있어 그 집을 뚫지 못하게 하였으리라"(마 24:43)라고 말씀하셨습니다. 집주인의 역할이 바로 당신이 해야 할 일입니다. 이 책임을 진지하게 받아들이십시오.

오늘의 부부수업

부부 관계를 방해하는 모든 문제를 제거하십시오. 배우자를 향한 애정을 앗아 가는 해로운 중독이나 영향력을 끊어 버리십시오.

☐ 오늘의 수업을 완수했으면 여기에 표시하십시오.

- 당신이 가장 먼저 내던진 것은 무엇입니까?
- 앞으로 버려야 할 것들은 무엇입니까?
- 이런 문젯거리들을 제거한다면 당신과 결혼 생활, 하나님과의 관계가 어떻게 개선되리라고 생각합니까?

전능하신 분에게로 겸손하게 돌아가면, 너는 다시 회복될 것이다.
온갖 불의한 것을 네 집 안에서 내버려라. (욥 22:23, 새번역)

**음란물이라는 '기생충'을 다루는 문제에서 도움을 받기 원한다면,
298쪽에 있는 부록을 보십시오.**

Day 24

사랑은 정욕이 아닙니다

이 세상도, 그 정욕도 지나가되 오직 하나님의 뜻을
행하는 자는 영원히 거하느니라.

요일 2:17

아담과 하와는 에덴동산에서 부족함 없이 살았습니다. 하나님과 교제했으며, 서로 친밀감을 나누었습니다. 그러나 사탄의 꾐에 넘어간 하와는 금단의 열매를 보고 마음을 뺏기고 말았습니다. 곧이어 아담도 동참했고, 두 사람은 하나님의 명령을 어기고 선악과를 먹었습니다.

사건은 늘 그렇게 진행됩니다. 눈에서 마음으로, 마음에서 행동으로…. 그러고 나서는 수치심과 후회가 뒤따릅니다.

우리 역시 풍요롭고 온전한 삶에 필요한 모든 것을 공급받았습니다. 예수님은 하나님의 자녀들에게 먹을 것과 입을 것을 항상 공급하겠다고 약속하셨습니다(마 6:25-33). 계속해서 성경은, 기본적인 의식주만 해결되면 "족한 줄로" 알아야 한다고 말합니다(딤전 6:8). 하지만 하나님은 이런 기본적인 필요 이상으로 복을 주십니다. 그분의 사랑과 영과 말씀을 우리에게 풍성하게 부어 주십니다.

그런데도 우리는 아담과 하와처럼 더 욕심을 냅니다. 그래서 세속적인 쾌락에 눈과 마음을 빼앗깁니다. 불법적인 방법으로 합법적인 필요를 충족하려고 애씁니다. 많은 사람이 다른 사람, 또는 진짜 사람처럼 느껴지는 음란물로 성욕을 채우려고 합니다. 슬쩍 눈길을 주었다가, 눈길이 머물면서 몽상에 빠집니다. 정신 차려야 한다고 생각하면서도 눈길을 거두지 않습니다. 일단 우리 눈이 호기심에 사로잡히면, 마음도 빠져듭니다. 곧이어 우리는 정욕을 따라 행합니다.

돈이나 재산, 권력, 야망에 강한 욕망을 느끼는 사람들도 있습니다. 그들은 남의 소유를 보고 탐을 냅니다. 속아 넘어간 마음은 이렇게 속삭입니다. '이것만 있으면 정말 행복할 텐데.' 그러고는 그것을 쫓기로 결심합니다. "그러나 부자가 되기를 원하는 사람은, 유혹과 올무와 여러 가지 어리석고도 해로운 욕심에 떨어집니다. 이런 것들은 사람을 파멸과 멸망에 빠뜨립니다"(딤전 6:9, 새번역).

정욕은 사랑의 반대입니다. 하나님이 주신 것에 만족하지 않고, 그분의 공급하심의 경계 밖에 있는 것에 마음을 뺏기는 것입니다.

정욕은 우리가 소유하지 않은 어떤 것을 하나님 대신 미래의 행복으로 삼습니다. 그리스도인에게 정욕이란 주님과의 교제, 다른 사람들과의 교제에서 벗어나는 첫 단계입니다. 젊은 직장인, 영화배우, 큰 집, 스포츠카, 그 어떤 것이든 정욕의 잠재적인 대상은 집착, 곧 마음의 우상이 될 수 있기 때문입니다.

정욕은 늘 더 많은 정욕을 불러옵니다. "너희 중에 싸움이 어디로부터, 다툼이 어디로부터 나느냐? 너희 지체 중에서 싸우는 정욕으로부터 나는 것이 아니냐?"(약 4:1) 배우자가 얼마나 훌륭하고 매력적인 사람인지와 상관없이, 정욕 때문에 남편이나 아내에게 불만을 품게 될 것입니다. 정욕은 분노를 낳고, 마음을 무디게 만들며, 결혼 생활을 망가뜨립니다. 정욕은 충족감이 아닌 공허감만 불러올 뿐입니다.

정욕의 실체를 폭로해야 합니다. 정욕은 하나님만이 채우실 수 있는 만족을 다른 것에서 바라는 잘못된 갈망입니다. 정욕은 마음의 계기판에 달린 경고등과 같습니다. 하나님의 사랑이 아닌 다른 것이 당신을 채우려 할 때 경고등이 켜집니다. 눈과 마음을 오직 그분께 향하고 행동할 때 후회와 정죄의 악순환이 끊어지고 꾸준한 기쁨이 찾아올 것입니다.

"그리스도께서는 하나님의 능력으로 우리가 하나님을 섬기며 살아가는 데 필요한 모든 것을 허락해 주셨습니다. 이 모든 것은 우리가 그분을 알 때에 받게 되는 것입니다. 그분은 자신의 영광과 선함으로 우리를 불러 주셨습니다. 그 영광과 선함을 통해 약속하신 크고 놀라운 선물을 우리에게 주셨으며, 이 약속을 통해 하나님을 닮은 모습으로 함께 교제하게 하셨습니다. 그러므로 세상의 어떤 정욕도 여러분을 멸망시킬 수 없습니다"(벧후 1:3-4, 쉬운성경). 하나님은 그 자리를 대신할 위안거리나 모험도 주시지 않은 채 그저 정욕을 포기하라고만 요구하시지 않습니다. 그분은 당신의 쾌락을 부정하지 않으십니다. 죄악되고 만족을 주지 못하는 것들에서 눈을 돌려, 하나님과 그분이 주시는 것에서 순수하고 더 큰 기쁨을 누리게 하십니다. 진정한 만족을 주시는 분은 예수님밖에 없다는 것을 당신이 발견하기 원하십니다.

당신의 눈과 마음을 유혹하는 것은 무엇입니까? 이 세상에서 당신이 만족의 근원으로 갈망하는 것은 무엇입니까? 그것들이 더 이상 필요 없다고 인정할 수 있습니까? 정욕이 약속하는 거짓말에 신물이 났습니까? 그것이 불가능하다는 것을 알면서도, 금지된 쾌락이 행복과 만족을 가져다준다는 속임수에 넘어가는 데 지쳤습니까?

그렇다면 다시 하나님께 마음을 정하고, 그분이 베푸시는 말씀의 잔치에 참여하십시오. 평안과 자유를 약속하는 그분의 말씀이 당신의 마음에서 역사하게 하십시오. 마음의 정욕을 죄로 고백하고, 용서의 기쁨이 당신의 마음을 짓누르는 죄책감과 수치심의 자리를 대신하게 하십시오. 십자가에서 이미 증명하신 그분의 무조건적인 사랑을 날마다 받으십시오. 불평불만하기보다는 하나님이 이미 허락하신 모든 것에 감사하십시오. 그러면 하나님이 주신 것에 만족하며, 정욕이라는 불량식품에는 더 이상 눈길도 주지 않게 될 것입니다.

하나님의 공급하심에 집중하면서, 당신의 눈과 마음을 배우자에게 향하십시오. "네 샘으로 복되게 하라. 네가 젊어서 취한 아내를 즐거워하라. … 그의 사랑을 항상 연모하라. 내 아들아, 어찌하여 음녀를 연모하겠으며, 어찌하여 이방 계집의 가슴을 안겠느냐? 대저 사람의 길은 여호와의 눈앞에 있나니 그가 그 사람의 모든 길을 평탄하게 하시느니라"(잠 5:18-21).

"세상이나 세상에 있는 것들을 사랑하지 마십시오. 누가 세상을 사랑하면, 그 사람 속에는 하늘 아버지에 대한 사랑이 없습니다"(요일 2:15, 새번역). 이 세상이 줄 수 있는 최고의 것이 고작 정욕이라면, 사랑은 당신에게 최고의 인생을 약속해 줍니다.

오늘의 부부수업

지금 끊으십시오. 당신 삶에 있는 모든 정욕의 대상을 파악하고 제거하십시오. 금지된 쾌락의 모든 거짓을 밝혀내고 그것을 거부하십시오. 정욕을 뒷방에 살짝 숨겨 두지 마십시오. 오늘 당장 무너뜨려 없애십시오. 하나님의 존재와 그분이 주시는 것이 당신을 만족시키고 당신의 필요를 채워 줌에 감사하십시오.

☐ 오늘의 수업을 완수했으면 여기에 표시하십시오.

- 어떤 부분에서 정욕을 발견했습니까?
- 이 정욕 때문에 반복해서 잃은 것은 무엇입니까?
- 당신의 정욕 때문에 배우자와 멀어진 적은 없습니까?
- 어리석은 정욕 대신 하나님과 배우자만 온전히 추구하겠다는 새로운 서약서를 작성해 보십시오.

자유인으로 사십시오. 그러나 자유를 잘못 사용하여
악을 행하는 구실로 삼지는 말기 바랍니다. (벧전 2:16, 쉬운성경)

"하나님이 내게 이러한 부부수업을 허락해 주셔서 너무 감사합니다.
덕분에 더 좋은 남자, 더 좋은 아버지, 더 좋은 남편이 될 수 있었습니다." _리치

Day 25

사랑은 용서합니다

―――― ◈ ――――

여러분이 누구에게 무엇을 용서해 주면, 나도 용서해 줍니다.
내가 용서한 경우가 있다면, 그것은
그리스도 앞에서 여러분을 위하여 용서한 것입니다.
고후 2:10, 새번역

이번 수업은 쉽지 않습니다. 아마 이 책에서 가장 힘든 과제가 아닐까 싶습니다. 하지만 결혼 생활에 조금이라도 희망을 품고 싶은 사람이라면, 이 과제를 아주 진지하게 고려해 보아야 합니다. 이혼 문제를 다루는 상담가와 목회자들은 이 문제가 상당히 복잡해서 가장 회복하기 힘든 부분이라고 말할 것입니다. 단순히 심사숙고만 해서는 소용이 없고, 신중하게 실천에 옮겨야 합니다. 서로 용서하지 않으면, 결혼 생활은 무너지고 맙니다.

예수님은 감사할 줄 모르는 종의 비유를 통해 용서의 생생한 이미지를 그려 주셨습니다. 상당한 돈을 빚진 사람이 있었는데, 주인이 사정을 딱히 여겨 빚을 완전히 청산해 주겠다고 하자 그 종은 몹시 놀랐습니다. 그런데 어마어마한 빚을 탕감받은 종은 전혀 예상치 못한 일을 벌였습니다. 자기에게 얼마 되지 않는 돈을 빚진 사람을 찾아서 돈을 갚지 않았다는 이유로 가차 없이 감옥에 집어넣은 것입니다. 주인은 이 소식을 듣자마자, 종에 대한 처우를 즉각 바꾸었습니다. "주인이 노하여 그 빚을 다 갚도록 그를 옥졸들에게 넘기니라"(마 18:34).

고문과 옥살이. 누군가를 도무지 용서할 수 없다는 생각이 들 때마다 마음속에 이것들이 떠올라야 합니다. 예수님이 "너희가 각각 마음으로부터 형제를 용서하지 아니하면, 나의 하늘 아버지께서도 너희에게 이와 같이 하시리라"(마 18:35)라고 말씀하셨기 때문입니다.

당신이 교도소에 있다고 상상해 보십시오. 사방을 둘러보니 감방이 여럿 눈에 띕니다. 그곳에는 당신이 과거에 만난 사람들이 갇혀 있습니다. 어렸을 적 당신에게 상처를 준 사람들입니다. 한때는 친구였지만 어느 순간 당신에게 잘못을 저지른 사람들도 있습니다. 부모나 형제자매, 다른 가족들이 보일지도 모르겠습니다. 심지어, 가까운 곳에 당신의 배우자가 갇혀 있을지도 모릅니다. 모두 당신이 스스로 만든 감옥에 감금되어 있습니다.

이 감옥은 당신 마음에 있는 방입니다. 이 어두컴컴하고 을씨

년스러운 방은 매일같이 당신 내면에 자리 잡고 있습니다. 하지만 멀지 않은 곳에 예수님이 서 계십니다. 그분은 모든 수감자를 풀어 줄 수 있는 열쇠를 내미십니다. 그리고 그들을 모두 용서하라고 말씀하십니다.

하지만 당신은 그 열쇠를 원치 않습니다. 이 사람들은 너무나 큰 상처를 주었습니다. 그것이 얼마나 나쁜 짓인지 알면서도 그만두지 않았습니다. 가장 큰 힘이 되어 주었어야 할 배우자도 별반 다르지 않았습니다. 그래서 당신은 열쇠를 거부하고 돌아섭니다. 더 이상 거기 머무르고 싶지 않습니다. 그분이 뭘 원하시는지 뻔히 알지만, 예수님과 그분 손에 들린 열쇠를 차마 쳐다볼 수가 없습니다. 너무 버겁습니다.

그런데 거기서 벗어나려 애쓰다가 엄청난 사실을 발견합니다. 출구가 없는 것입니다. 다른 포로들과 함께 당신도 그 안에 갇혀 버렸습니다. 용서를 거부하고 분노와 쓴 뿌리를 키우는 사이, 당신도 죄수가 되어 버렸습니다. 예수님의 이야기에 나오는 종처럼, 당신은 도저히 갚을 수 없는 빚을 탕감받고도 다른 사람을 용서하기를 거부하여 교도관과 고문관에게 넘겨졌습니다. 이제 당신의 자유는 당신의 용서에 달려 있습니다.

이런 결론에 다다르기까지 꽤 시간이 걸립니다. 당신은 용서에 뒤따르는 온갖 위험 요소를 검토합니다. 상대방이 인정하든 말든,

그들이 정말로 잘못했다고 느끼기 때문입니다. 그들은 자기 행동을 뉘우치지 않을지도 모릅니다. 자신의 행동이 100퍼센트 정당하다고 생각하면서 오히려 당신을 비난할지도 모를 일입니다.

그러나 당신이 용서한다고 해서 누군가의 책임이 면제되거나 그 사람이 하나님께 저지른 죄가 없어지는 것은 아닙니다. 그저 상대방에게 어떻게 복수할까 더 이상 염려하지 않게 될 뿐입니다. 누군가를 용서한다는 것은 그 사람의 무죄를 선언하는 것이 아니라, 그를 하나님께 넘겨 드리는 것입니다. 그러면 그분의 방식대로 처리하실 것입니다. 하나님께 맡기면, 당신 혼자 전전긍긍하며 말싸움에 대비하거나 이길 방도를 애써 모색하지 않아도 됩니다. 용서는 이기고 지는 문제가 아닙니다. 용서는 자유입니다. 풀어 주는 것입니다. 당신이 받은 자비를 다른 사람에게도 베푸는 것입니다.

그래서 정말로 남을 용서한 사람들은 이렇게 말하곤 합니다. "그 사람을 용서하니까 내 어깨에 있던 짐을 벗은 듯한 기분이에요." 용서란 바로 그런 것입니다. 가슴속에 신선한 공기를 가득 들이마시는 것과 같습니다. 퀴퀴한 어둠 속 감옥에 빛과 신선한 공기가 밀려듭니다. 정말 오랜만에 평화를 맛봅니다. 자유를 느낍니다.

하지만 도대체 어떻게 용서할 수 있습니까? 화를 풀고, 그 사람을 판단할 책임을 주님께 넘겨 드리십시오. "내 사랑하는 자들아, 너희가 친히 원수를 갚지 말고 하나님의 진노하심에 맡기라. 기록

되었으되 원수 갚는 것이 내게 있으니 내가 갚으리라고 주께서 말씀하시니라"(롬 12:19). 그래도 당신은 상대의 잘못을 지적해 주어야 한다고 느낄 수 있지만(마 18:15), 그것과 상관없이 마땅히 용서를 베풀어야 합니다.

당신이 용서했다는 사실을 어떻게 알 수 있습니까? 그들의 이름을 떠올리거나 얼굴을 마주할 때 더 이상 피가 끓어오르지 않고 오히려 안타깝고 불쌍한 마음이 든다면, 그리고 그들의 변화를 간절히 바란다면, 상대방을 용서했다고 볼 수 있습니다.

하나님이 만인의 심판자이심을 아신 예수님은 우리가 누군가와 대적할 때 그를 용서해야 하며(막 11:25), '끊임없이' 용서해야 한다고 말씀하셨습니다(마 18:22). 마음의 쓴 뿌리는 모든 관계를 해치고 활력을 앗아 갈 것입니다.

모든 것을 고려할 때, 결혼 생활의 애정과 친밀감과 즐거움은, 두 사람 사이에 절대 용서하지 않는 일이 '없게' 하겠다는 쌍방의 헌신에 달려 있습니다. 행복한 결혼 생활은 서로 절대로 상처를 주지 않는 성인군자 같은 사람들이 아니라, 날마다 '악한 것을 생각하지 않는'(고전 13:5) 사람들이 가꾸어 가는 것임을 잊지 마십시오.

오늘의 부부수업

배우자를 용서하지 못하는 문제가 무엇이건 간에, 오늘 그 부분을 용서하십시오. 그 문제를 놓아 버리십시오. 매일 예수님께 "우리 죄를 사하여 주시옵고"라고 간구하듯이, "우리에게 죄 지은 자를 사하여" 줄 수 있도록 도와 달라고 간구해야 합니다. 용서하지 않고 버티다가 당신과 배우자는 너무나 오래 감옥에 갇혀 있었습니다. 마음 깊은 곳에서부터 "당신을 용서합니다"라고 고백하십시오.

☐ 오늘의 수업을 완수했으면 여기에 표시하십시오.

- 오늘 배우자의 어떤 부분을 용서했습니까?
- 그 문제로 당신은 얼마나 오랫동안 고민했습니까?
- 이 문제를 하나님께 맡겨 드리면서 어떤 가능성을 엿보았습니까?

아버지, 저들을 사하여 주옵소서. 자기들이 하는 것을 알지 못함이니이다. (눅 23:34)

우리 부부는 서로 용서하고 새출발을 하고 있습니다." _안드레아

Day 26

사랑은 책임집니다

―――― ❈ ――――

그러므로 남을 심판하는 사람이여, 그대가 누구이든지,
죄가 없다고 변명할 수 없습니다. 그대는 남을 심판하는 일로 결국
자기를 정죄하는 셈입니다. 남을 심판하는 그대도
똑같은 일을 하고 있기 때문입니다.

롬 2:1, 새번역

하나님은 그분의 선물인 결혼에 수많은 유익이 있게 계획하셨습니다. 연구에 따르면, 결혼한 사람이 더 건강하고, 장수하며, 더 많이 벌고, 더 나은 성생활을 즐긴다고 합니다. 또한 결혼한 사람은 독신보다도 더 건강하고 행복한 자녀를 둔다고 합니다. 배우자가 당신 인생에 얼마나 큰 가치를 부여하는지 깨닫고 있습니까? 그 가치는 다 이해하기가 힘들 정도입니다.

하지만 인생의 모든 것이 그렇듯, 우리가 결혼 생활에서 누리는 혜택은 우리가 얼마나 그것을 책임 있게 잘 돌보느냐에 달려 있습니다. 그래서 책임감은 사랑의 가장 큰 요구 사항입니다. 물론

인기는 없는 덕목입니다. 하지만 우리의 결혼이 아름다운 연합이 되느냐 대참사가 되느냐는 여기에 달려 있습니다.

모든 결혼 생활은 남편과 아내가 함께 가꾸는 정원입니다. 당신이 서약과 역할, 의무에 충실하면 충실할수록, 하나 됨의 기쁨과 놀라움을 더 많이 누릴 것입니다. 하지만 책임을 회피할수록 더 큰 고통과 불화를 불러올 것입니다.

예를 들어, 아내와의 성적인 친밀감과 건강한 자녀를 원하는 남자가 집에서 아내를 돕기 위해 손가락 하나 까딱하지 않거나 자녀를 훈육하지 않는다면 어리석은 일입니다. 재정적인 안정과 행복한 결혼 생활을 원하는 여자가 아무 계획 없이 물질을 사용하고 남편의 성적인 필요를 거부한다면 이 또한 어리석은 일입니다. 사랑과 지혜는 우리가 자신의 책임을 감당하도록 인도합니다.

당신은 어떻습니까? 혼인식에서 약속한 내용을 잘 존중하고 있습니까? 당신의 결혼 생활은 당신의 세심한 배려 가운데 꽃피고 있습니까, 아니면 시들고 있습니까? 당신은 배우자에게 모든 짐을 지우고 있습니까, 아니면 그의 짐을 가볍게 해줄 방도를 찾고 있습니까? 사랑한다면 결혼 생활에서 배우자를 책임져야 합니다. 사랑하고, 돕고, 격려해 주어야 합니다.

하지만 이것이 전부가 아닙니다. 사랑은 우리가 결혼 생활에서 또 다른 사람에 대해, 곧 '자신의 실수'에 대해서도 책임을 지라고 말합니다.

우리는 자신의 동기를 정당화하기에 급급합니다. 비판을 피하기 바쁩니다. 남의 잘못을 찾는 데 신속합니다. 특히 언제나 손쉽게 비난할 수 있는 배우자에게 그렇습니다. 내가 항상 옳다고 여기고, 같은 조건이라면 누구라도 그렇게 행동할 수밖에 없었을 거라고 생각합니다. 하지만 사랑은 그렇게 쉽게 남의 탓을 하거나 이기적인 동기를 정당화하지 않습니다. 사랑은 변명하지 않습니다. 오히려, 반드시 다룰 필요가 있는 개인의 약점이라는 현실에 직면합니다.

그러므로 이다음에 배우자와 다툼이 생기면, 입을 다물고 상대방의 말이 더 일리 있지 않은지 귀 기울여 들어야 할 것입니다. 만약 당신이 비난하고 부인하고 상대를 탓할 방도를 찾지 않고, 상대의 질책을 겸손하게 받아들이며 자신의 잘못에 책임을 진다면 부부 관계에 어떤 변화가 일어나겠습니까? 성경은 "지혜 있는 자를 책망하라. 그가 너를 사랑하리라"(잠 9:8)라고 조언합니다. 사랑은 현명하고 선뜻 동의합니다. 기꺼이 인정하고 솔직하게 잘못을 고칩니다. 고백하고, 회개하고, 바꿉니다. 상대방과 올바른 관계를 맺기를 갈망하고 목말라 합니다. 이것이 사랑입니다!

진정으로 회개하는 심령을 품으려면 시간이 좀 걸릴지도 모릅니다. 자존심은 책임을 회피하려는 성향이 강합니다. 하지만 하나님과 배우자 앞에서 겸손하고 정직한 마음은 건강한 관계에 꼭 필요합니다. 그렇다고 해서 당신은 항상 틀리고, 배우자는 항상 옳다는 말은 아닙니다. 늘 배우자에게 굽실거리라는 뜻도 아닙니다. 하나님이나 배우자와의 관계에 문제가 생기면, 그 문제를 바로잡는 것이 최우선 과제가 되어야 한다는 말입니다.

당신은 자신의 실수에 책임을 지고 있습니까? 배우자에게 적절하지 못한 언행을 하지는 않았습니까? 하나님께는 어떻습니까? 성경은 "만일 우리가 죄가 없다고 말하면 스스로 속이고 또 진리가 우리 속에 있지 아니할 것"(요일 1:8)이라고 말합니다. 그러나 "만일 우리가 우리 죄를 자백하면 그는 미쁘시고 의로우사 우리 죄를 사하시며 우리를 모든 불의에서 깨끗하게 하실 것"(요일 1:9)입니다. 자신의 죄를 부인하는 사람은 거짓된 삶을 살지만, 죄를 고백하는 사람은 하나님의 자비를 받습니다.

결혼 생활에서도 마찬가지입니다. 사과는 놀라운 돌파구가 될 수 있습니다. 저항의 벽을 무너뜨리고, 관계의 다리를 재건하며, 의사소통이라는 파이프라인의 장애물을 제거하고, 사랑의 감정을 다시 불타오르게 할 수 있습니다. 배우자가 90퍼센트 잘못했다 하더라도, 당신이 잘못한 10퍼센트에 대해 가능한 한 빨리 진정으로 사과할수록, 더 빨리 치유가 시작되고 모든 것이 제자리로 돌아올 수 있습니다.

혹시 당신의 배우자는 당신이 상처를 주거나 잘못을 저지르고도 모른 척한다고 지적하지는 않습니까? 그렇다면 스스로 낮추고, 잘못을 솔직히 인정하고, 피해를 보상해야 합니다. 그것이 사랑의 행위입니다. 하나님은 부부 사이에 해결되지 못한 문제가 있기를 원치 않으십니다. 당신이 책임져야 할 일 중에서 어떤 부분을 놓쳤는지 보여 달라고 하나님께 간구하십시오. 먼저, 하나님과의 관계를 공고히 하십시오. 그 문제가 해결되면, 이제 부부 관계를 바로잡을 차례입니다.

진심으로 그렇게 하려면 자존심은 내다 버리고 상대방의 반응에 상관없이 용서를 구해야 합니다. 상대가 당신에게 친절하게 반응하든, 냉정하게 반응하든, 당신은 용기 있게 자신의 문제를 해결해 나갈 책임이 있습니다. 이것은 지금까지 한 일 가운데 가장 어려울지도 모르지만, 부부 관계와 하나님과의 관계에서 이 단계를 밟는 것은 꼭 필요한 일입니다. 진지한 마음으로 임한다면, 하나님이 주시는 은혜와 힘에 놀라게 될 것입니다. 책임을 진다는 것은 늘 좋은 일입니다.

오늘의 부부수업

당신이 책임질 영역과 잘못한 일들을 놓고 기도하십시오. 실패한 부분에서는 하나님의 용서를 구하고, 겸손히 배우자에게 잘못을 인정하십시오. 진심으로, 성심껏 고백하십시오. 배우자에게도 용서를 구하십시오. 상대방의 반응이 어떻든지, 당신 편에서 해야 할 책임을 다 하십시오. 상대방이 비난하더라도, 조언으로 생각하고 잘 받아들이십시오.

☐ 오늘의 수업을 완수했으면 여기에 표시하십시오.

- 배우자는 당신의 사과에 어떻게 반응했습니까?
- 당신의 고백이 말뿐이 아닌 진심임을 배우자가 납득할 수 있게 하려면 어떻게 해야 합니까?

각각 자기의 일을 살피라. (갈 6:4)

"1년 전에 내게 아내와 같이 살기 원하느냐고 물었다면, 과거는 과거로 묻어 두겠다고 대답했을지도 모릅니다. 하지만 하나님은 내게 순수한 사랑이 무엇인지 보여 주셨습니다."_크리스

Day 27

사랑은 격려합니다

—— ✦ ——

내 영혼을 지켜 나를 구원하소서.
내가 주께 피하오니 수치를 당하지 않게 하소서.

시 25:20

결혼은 시각의 변화를 가져옵니다. 우리는 모두 배우자가 우리의 바람을 채워 주고 행복하게 해주리라 기대하며 결혼 생활을 시작합니다. 그렇지만 그것은 불가능한 주문입니다. 비현실적인 기대감은 실망을 낳습니다. 기대가 클수록, 실망과 좌절감도 큰 법입니다.

아내가 남편이 시간을 지키고, 뒤처리를 잘하고, 자신의 모든 필요를 이해해 주리라고 늘 기대한다면, 남편이 아내가 말끔하게 꾸미고, 자신의 결정을 맹목적으로 지지해 주고, 성관계를 요구할 때마다 기분 좋게 들어주리라고 늘 기대한다면, 결혼 생활 내내 끊임없이 실망할 것입니다. 하지만 배우자도 때론 쉽게 잊어버리고 약하고 부주의할 수 있는 사람이라 여기고 현실적인 기대감을 품는다면, 상대가 책임감 있고 사랑이 넘치는 친절을 베풀 때 더 많이 기뻐하게 될 것입니다.

상대방이 인간이라는 사실을 용납하지 않으면 이혼 외에는 길이 없습니다. 그러므로 사고의 전환이 필요합니다. '기대'보다는 '격려'로 살아가는 법을 배워야 합니다.

당신의 격려와 하나님의 개입에도 불구하고, 배우자는 지난 10년 동안 살아온 방식을 앞으로도 고수할 확률이 높습니다. 그래서 사랑은 다른 사람에게 더 많이 요구하기보다는, 자기의 책임을 다하고 스스로 개선하기 위해 노력합니다.

예수님은 다음과 같은 말씀에서 이 점을 지적하셨습니다. "보라, 네 눈 속에 들보가 있는데 어찌하여 형제에게 말하기를 나로 네 눈 속에 있는 티를 빼게 하라 하겠느냐? 외식하는 자여, 먼저 네 눈 속에서 들보를 빼어라. 그 후에야 밝히 보고 형제의 눈 속에서 티를 빼리라"(마 7:4-5).

당신의 배우자는 자기 눈 속의 티만 지적하는 사람과 사는 것 같다고 느끼지 않습니까? 당신의 기대 수준을 맞추지 못해서 늘 불안해하고 초조해하지는 않습니까? 당신의 인정보다는 반대와 비난을 더 많이 느끼며 살지는 않습니까?

사람들은 자신이 아니라 상대방이 문제라고 응수할 것입니다. 실제로 배우자에게는 여러 가지 부족한 점이 많은데, 그게 왜 내 잘못이란 말입니까? 하지만 행복한 결혼 생활을 영위하려면 부부가 함께 모든 노력을 아끼지 않아야 합니다. 배우자가 당신이 지나치게 비판적이라서 불만이라면, 상대방에게 당신이 제기한 문제가 적절하다는 사실을 일깨워 줄 필요가 있습니다. 당신이 완벽하다고 말하라는 것이 아니라, 진짜 문제가 무엇인지 지적해 줄 수 있어야 한다는 것입니다.

이런 태도에는 문제점이 있는데, 즐거운 마음으로 비판을 받아들일 사람은 없다는 것입니다. 직접 말로 하든, 침묵으로 드러내든, 당신이 배우자에게 불만이 있다는 것이 분명하면, 상대는 동기가 부여되기보다 불편한 심기를 느끼기 쉽습니다.

다른 관계와 달리, 부부 관계는 상대방을 기쁘게 해주려는 최상의 노력에서 시작되었습니다. 상대가 하는 모든 일이 잘못되었다고 생각하고, 때로는 이 사람을 좋아하기가 힘들 지경에 이르리라고는 전혀 예상하지 못했을 것입니다.

냉혹한 현실이 날마다 희망에 찬물을 뿌릴 때, 좌절과 불만을 표시하는 것은 자연스러운 반응입니다. 하지만 안타깝게도, 이런 반응은 상대가 잘못을 고치려는 마음이 들게 만들기보다, 피하게 하거나 더 깊이 파고들어 가도록 만들 뿐입니다.

사랑은 참 현명합니다. 배우자를 반역자로 내몰기보다는, 상대방에게 여지를 줄 줄 압니다. 스스로에게 철두철미한 목표 지향적인 사람이더라도, 진정 상대방을 사랑한다면 본보기로 인도하려 하지 똑같은 기준으로 배우자를 몰아세우지 않습니다. 결혼은 평생 함께 즐기고 음미하는 관계임을 잊어서는 안 됩니다. 결혼은 하나님이 직접 설계하신 독특한 우정 관계입니다. 불완전하고 흠이 많은 두 사람이 함께 살되, 서로 진을 빼고 하찮게 여기는 것이 아니라 격려하고 세우는 관계가 바로 결혼입니다.

성경은 이렇게 말합니다. "너희는 약하고 힘없는 자들을 격려하고 붙들어 주며"(사 35:3, 현대인의성경). "서로 격려하고, 서로 덕을 세우십시오. … 마음이 약한 사람을 격려하고, 힘이 없는 사람을 도와주고, 모든 사람에게 오래 참으십시오"(살전 5:11, 14, 새번역).

당신의 가정이 자신을 자유롭게 표현하고, 실패할 때에도 격려받는 안전한 공간이 되기를 바랍니까? 배우자의 바람도 마찬가지일 것입니다. 사랑하면 그런 특권을 누릴 수 있습니다.

배우자가 당신 때문에 좌절감을 느낀다고 여러 차례 이야기했다면, 그 말을 염두에 둘 필요가 있습니다. 당신은 서로를 붙들어 놓는 비판의 닻이 될 수도 있고, 높이 치솟게 하는 상호 보완적인 날개가 될 수도 있습니다. 당신과 함께 있으면 재충전되고 스트레스가 줄어들어야지, 오히려 소진되고 지쳐 버려서는 안 됩니다. 하나님은 아직 당신의 배우자를 포기하지 않으셨으니, 그분이 일하게 하십시오.

배우자가 당신의 모든 생각을 이해하고, 모든 욕구를 바라고, 모든 기대를 채워 주리라는 비현실적인 기대감을 내려놓으십시오. 당신이 그것을 원하는 만큼이나 상대가 그렇게 할 수 있는 능력과는 거리가 멉니다. 오히려 당신의 감탄으로 감동을 주고, 진정한 기도와 지혜로운 칭찬으로 힘을 불어넣어 주십시오. 상대의 장점에 집중하고, 잘하고 있는 일을 인정해 주십시오. 배우자에게 최고의 격려자가 되어 주기로 매일 결단하십시오. 그러면 하나님이 창조하신 그 사람은 앞으로도 오랫동안 당신을 향한 새로운 확신과 사랑을 발산할 것입니다.

오늘의 부부수업

비현실적인 기대감을 당신의 가정에서 뿌리 뽑으십시오. 배우자가 당신에게 너무 기대 수준이 높다고 이야기한 두 영역을 생각해 보고, 너무 강하게 몰아붙인 점을 사과하십시오. 상대방의 긍정적인 점을 칭찬하고, 당신의 무조건적인 사랑을 다시 한 번 확인시켜 주십시오.

☐ 오늘의 수업을 완수했으면 여기에 표시하십시오.

- 당신이 배우자가 도달할 수 없는 높은 기대 수준을 요구할 때, 그 점은 당신에 대해 무엇을 말해 줍니까?
- 어떻게 하면 이런 간극을 원만하게 처리할 수 있습니까?
- 최근 배우자가 한 일 중에서 당신이 지적할 일과 감사할 일은 무엇입니까?

서로 돌아보고 사랑을 베풀며 선한 행동을 하도록 격려합시다. (히 10:24, 쉬운성경)

"이 책을 잘 활용하십시오. 반복해서 읽으십시오.
다시 사랑하는 일은 참 기분 좋은 일입니다."_마이크

Day 28

사랑은 희생합니다

그가 우리를 위하여 목숨을 버리셨으니, 우리가 이로써 사랑을 알고
우리도 형제들을 위하여 목숨을 버리는 것이 마땅하니라.
요일 3:16

삶은 쉽지 않습니다. 하지만 우리는 보통 '자신'의 삶만 쉽지 않다고 여깁니다. 부당한 대우를 받거나 불편할 때 우리는 가장 먼저 그렇게 느낍니다. 무언가를 빼앗기거나 푸대접을 받는다고 느낄 때 우리는 쉽게 화를 냅니다. 삶이 힘들 때 우리는 금방 감지합니다.

그렇지만 우리는 상대방의 불평을 듣고 나서야 비로소 배우자의 삶이 힘들다는 사실을 눈치채곤 합니다. 그럴 때 내 일처럼 염려하고 도움의 손길을 내밀기보다는, 상대방에게 고약한 버릇이 있다고 여기기가 쉽습니다. 배우자가 겪는 고통과 중압감은 우리가 겪는 고통이나 중압감과는 강도가 다르게 느껴집니다. 우리가 불평할 때는, 세상 모든 사람이 우리를 이해하고 불쌍히 여겨 주기를 바라면서 말입니다.

진정한 사랑이 있는 곳에서는 이런 일이 발생하지 않습니다. 사랑은 상대방이 뻔히 괴로워하는 모습을 보고 나서야 그 충격에 퍼뜩 정신을 차리는 것이 아닙니다. 사랑은 상대방이 염려와 문제에 함몰되기 이전에 벌써 행동에 나섭니다. 부담이 가중되는 것을 보고 도와주기 위해 개입합니다. 사랑은 상대방에게 민감하기 때문입니다.

사랑은 희생합니다. 사랑하는 사람은 배우자의 필요에 늘 촉각을 곤두세우기에 상대방이 도움을 요청하지 않아도 알아서 반응할 때가 많습니다. 또한 사전에 문제를 파악하지 못하고 상황을 나중에 듣게 된 경우에도, 사랑은 문제의 핵심에 반응합니다.

상대방이 스트레스 때문에 비난을 쏟아 낼 때도 사랑은 변명하지 않고 자비롭게 대합니다. 사랑은 불평 너머에 있는 것을 바라볼 수 있고, 자신의 필요가 충족되지 않아 도움을 요청하는 상처받은 사람을 볼 수 있습니다. 사랑은 지혜롭게 그 필요를 채워 줍니다. 사랑은 원하는 대로 대접해 주지 않는다고 불평만 하지 않고, 자기연민에서 벗어나 상대의 숨은 필요를 발견하고 채우는 일에 관심을 돌릴 수 있도록 도와줍니다.

예수님이 그렇게 하셨습니다. "우리도 형제들을 위하여 목숨을 버리는 것이 마땅"하다는 것을 보여 주시려고 "우리를 위하여 목숨을 버리셨"(요일 3:16)습니다. 사랑의 증거는, 다른 사람의 필요를 보고 그것을 채우기 위해 할 수 있는 모든 일을 하는 것이라고 우리에게 가르쳐 주셨습니다. "내가 주릴 때에 너희가 먹을 것을 주었고, 목마를 때에 마시게 하였고, 나그네 되었을 때에 영접하였고, 헐벗었을 때에 옷을 입혔고, 병들었을 때에 돌보았고, 옥에 갇혔을 때에 와서 보았느니라"(마 25:35-36).

다음은 당신이 배우자를 위해 채워 주어야 할 필요들입니다.

- 내 남편은 '주린가' 당신이 내켜 하지 않을 때에도, 당신과의 성관계를 원하고 있지는 않은가?
- 내 아내는 '목마른가' 당신이 다른 누구에게나 줄 수 있는 정도의 시간과 관심이라도 갈망하지 않는가?
- 내 남편은 '나그네'처럼 느끼는가 직장에서 불안해서, 가정을 안전하고 편안한 안식처로 삼고 싶어 하지는 않은가?
- 내 아내는 '헐벗었는가' 공포감과 수치심에 질려 당신이 따뜻한 사랑의 옷으로 덮어 주기를 고대하지는 않은가?
- 내 남편은 '병들었는가' 몸이 피로해서, 당신이 대신 다른 잡무를 해결해 주어야 하지는 않은가?

- 내 아내는 '옥에 갇힌' 기분인가 두렵고 낙담하여 안정과 조정을 필요로 하지는 않는가?

사랑은 배우자의 필요를 채우는 데 최선의 노력을 기울인다는 사실을 보여 주기 위해 희생을 마다하지 않습니다. 배우자가 곤경에 처해 어찌할 바를 모를 때, 사랑은 상대방을 돕기 위해서라면 자신에게 가장 중요한 것까지도 내놓으라고 합니다. 때로는 그것이 상대방의 이야기를 잘 들어주는 아주 사소한 일일 수도 있지만 말입니다.

대개는 그런 상황을 마음껏 토로하는 것이 상대방에게 정말 필요한 일일 수 있습니다. 배우자는 당신의 두 눈을 바라보면서 당신이 이 문제에 진심으로 신경 쓰고 있으며, 배우자가 답을 찾는 데 있어 당신이 전심전력으로 도우리라는 사실을 느낄 수 있어야 합니다. 배우자는 당신이 해결책을 위해 함께 기도하며, 결과가 어떻게 될지 지켜봐 주기를 원합니다.

"요즘 어때요?", "어떻게 도와줄까요?"라는 말이 늘 당신의 입에서 튀어나와야 합니다.

아주 쉽고 간단하게 해결할 수 있는 문제일 수도 있고, 시간과 에너지와 노력을 요하는 복잡하고 힘든 문제일 수도 있습니다. 어느 쪽이든, 하나님은 당신에게 배우자가 겪고 있는 압박을 볼 수 있는 특별한 통찰력과, 당신이 직접 나서서 상대의 스트레스를 크게 감소시킬 수 있는 특별한 능력을 주실 것입니다. "너희가 짐을 서로 지라. 그리하여 그리스도의 법을 성취하라"(갈 6:2). 예수님도 우리의 문제들을 기꺼이 짊어지셨습니다. 그리고 우리도 다른 사람을 위해 그렇게 할 수 있도록 날마다 은혜를 베풀어 주십니다.

신약 성경의 그리스도인들이 사랑 안에서 행하기 시작했을 때, 그들의 삶에는 나눔과 희생이라는 특징이 나타났습니다. 주님을 예배하고 그분의 백성을 섬기는 것이 삶의 핵심이었습니다. "믿는 사람이 다 함께 있어 모든 물건을 서로 통용하고 또 재산과 소유를 팔아 각 사람의 필요를 따라 나눠 주며"(행 2:44-45). 바울은 나중에 고린도 교회에게 이렇게 말했습니다. "내가 너희 영혼을 위하여 크게 기뻐하므로 … 내 자신까지도 내어 주리니"(고후 12:15). 예수님의 크신 희생으로 죽음에서 구원받은 인생들은, 우리의 손이 닿고 우리의 사랑을 필요로 하는 사람들의 필요를 채워 주기 위해, 날마다 작은 희생을 기꺼이 감수해야 합니다.

오늘의 부부수업

지금 배우자의 삶에서 가장 긴급하게 필요한 것은 무엇입니까? 당신의 용감한 희생으로 오늘 상대방의 어깨에서 내려놓을 수 있는 짐은 없습니까? 상대방의 필요가 크건 작건 간에, 그 필요를 채우기 위해 할 수 있는 일을 실천하십시오.

☐ 오늘의 수업을 완수했으면 여기에 표시하십시오.

- 당신의 관심이나 솔선수범이 부족하여 배우자가 스트레스를 받는 일이 얼마나 자주 일어납니까?
- 당신이 도와주겠다는 의지를 표현할 때 상대방은 어떻게 받아들였습니까?
- 당신이 채워 줄 수 있는 배우자의 또 다른 필요는 없습니까?

수고하고 무거운 짐 진 자들아, 다 내게로 오라. 내가 너희를 쉬게 하리라. (마 11:28)

"책 내용이 마음에 스며들 때까지 이 40일의 수업을 여러 차례 반복하려 합니다." _마티

Day 29

사랑의 동기는 하나님입니다

기쁜 마음으로 섬기기를 주께 하듯 하고
사람들에게 하듯 하지 말라.

엡 6:7

　배우자가 항상 사랑을 불러일으키지 않는다는 사실을 깨닫는 데는 그리 오랜 시간이 걸리지 않습니다. 사실, 상대방을 보면 오히려 사랑하려는 동기가 위축되는 경우가 더 많을 것입니다. 바람과는 달리, 사랑을 표현할 만한 계기를 찾기가 쉽지는 않을 것입니다. 심지어 사랑을 표현하려 해도 상대방이 받아들이지 않을지도 모릅니다. 그것은 꽤 건강하다고 자부하는 결혼 생활에서도 마찬가지입니다.

　하지만 감정이나 기분에 따라 들쭉날쭉한 다른 동기들과는 달리, 항상 변치 않는 동기가 한 가지 있습니다. 당신이 사랑하는 동기가 '하나님' 때문일 때, 당신이 사랑할 수 있는 능력은 보장됩니다. 사랑은 하나님에게서 오기 때문입니다.

이렇게 한번 생각해 보십시오. 어렸을 적 부모님은 당신에게 몇 시까지는 잠자리에 들어야 하고, 방은 늘 깨끗하게 치워야 하며, 놀러 나가기 전에 숙제를 다 마쳐야 한다는 등 이런저런 규칙을 제시했습니다. 하지만 대부분의 사람이 그렇듯, 당신도 이 규칙을 어길 때가 많았습니다. 부모님의 강압이나 벌이 없었다면, 아예 규칙을 무시하고 지냈을지도 모를 일입니다.

하지만 당신은 어릴 적에 분명 이런 말씀을 들었을 것입니다. "자녀들아, 모든 일에 부모에게 순종하라. 이는 주 안에서 기쁘게 하는 것이니라"(골 3:20). 이 말씀을 진정으로 가슴에 새겼다면, 부모를 말대답이나 하는 대상으로 여기지 않았을 것입니다. 이것은 더 이상 당신과 부모님 사이의 의지의 싸움이 아닙니다. 하나님과 당신의 문제입니다.

하나님으로 인해 동기가 부여되어 돈독해지는 관계는, 비단 부모 자식 관계만 있는 것이 아닙니다. 하나님을 기쁘시게 하는 것이 목표가 되어야 하는 다음의 영역들도 한번 살펴보겠습니다.

- **일** "무슨 일을 하든지 마음을 다하여 주께 하듯 하고 사람에게 하듯 하지 말라"(골 3:23).

- **섬김** "모든 일에 육신의 상전들에게 순종하되 사람을 기쁘게 하는 자와 같이 눈가림만 하지 말고 오직 주를 두려워하여 성실한 마음으로 하라"(골 3:22).
- **모든 일** "무슨 일을 하든지 … 이는 기업의 상을 주께 받을 줄 아나니 너희는 주 그리스도를 섬기느니라"(골 3:23-24).
- **결혼** "아내들아, 남편에게 복종하라. 이는 주 안에서 마땅하니라"(골 3:18). "남편들아, 아내 사랑하기를 그리스도께서 교회를 사랑하시고, 그 교회를 위하여 자신을 주심같이 하라"(엡 5:25).

이는 당신이 결혼 생활에서 보여 주는 사랑에 한 가지 주요 목표, 곧 '주님을 신실하고 충직하게 사랑하고 존중하는 것'이 있어야 한다는 뜻입니다. 남편이나 아내의 역할을 하나님을 향한 사랑을 실천하는 도구로 볼 때, 그분을 기쁘시게 하는 것이 당신이 하는 일의 숨겨진 이유가 될 때, 그 역할은 새로운 초점과 추진력을 얻을 것입니다.

하나님은 우리가 다른 사람을 대하고 섬기고 사랑하는 방식을 통해 그분을 사랑할 수 있다고 말씀하십니다(요일 3:17; 4:11-21). 따라서 결혼 생활에서 사랑이 담긴 모든 생각과 태도와 행동은 하나님께 "사랑합니다"라고 말씀드리는 또 다른 방식이 될 수 있습니다. 이 과정 가운데 우리가 사랑하는 사람이 복을 받는 것은 아주 멋진 덤이나 마찬가지입니다.

어쩌면 당신은 결혼 생활이나 배우자에 대한 사랑 때문에, 하나님을 최우선 순위와 가장 큰 기쁨으로 여기지 못하게 될지 모른다고 생각할 수도 있습니다. 하지만 오히려 그 반대입니다. 결혼을 창조하시고 당신보다 당신 배우자를 무한히 사랑하시는 그분을 가까이할수록, 모든 관계가 원만해질 것입니다.

이와 같은 초점과 시각의 변화는 그리스도인에게 매우 전략적이고 중요합니다. 하나님이 당신의 공급처(당신의 필요뿐 아니라 배우자의 필요까지도 채우시는)이심을 깨달으면, 배우자와 관계를 맺는 이유가 완전히 달라집니다. 불완전한 상대방의 모습에 따라 얼마나 사랑을 보여 줄지 결정하지 않고, 나처럼 흠 많은 사람에게 누군가를 사랑할 능력을 주시는 완벽하신 하나님을 기억할 것입니다.

요즘 아내와 함께 살기가 고달픕니까? 불화를 쉽게 극복하지 못하는 아내 때문에 인내심이 바닥을 치고 있지는 않습니까? 아내의 생각이 당신과 다르다는 이유만으로 사랑을 억압하지 마십시오. '주께 하듯' 아내를 사랑하십시오.

남편에게 분명히 무슨 문제가 있는 것 같은데, 당신에게는 입을 꾹 다무는 통에 소외감을 느끼지는 않습니까? 마음을 열지 않는 남편의 태도 때문에 서운합니까? 당신은 물론 아이들에게까지 쌀쌀맞게 구는 남편에게 싫증이 나지는 않았습니까? 그렇다고 더

심한 침묵과 무관심으로 일관하지 마십시오. 그래도 '주께 하듯' 남편을 사랑하십시오.

순전히 의무감에서 비롯된 사랑은 오래가지 못합니다. 이상적인 환경에서 나온 사랑도 계속해서 숨 쉴 수 있는 산소를 충분히 공급해 주기는 힘듭니다. 오직 하나님께 제사로 드리는 사랑, 즉 그분이 하신 일에 감사하는 마음으로 되돌려 드리는 사랑만이 끈질긴 생명을 유지하여, 사랑할 이유가 다 사라졌을 때에도 사랑할 힘을 줍니다.

미지근한 결혼 생활에 그럭저럭 만족하는 사람이라면, 잘 되겠거니 믿고 사랑을 운에 맡겨도 괜찮습니다. 그러나 배우자에게 이 세상 최고의 사랑을 주겠다고 헌신한 사람이라면, 가장 고귀한 사랑의 동기를 품고 시도할 필요가 있습니다. 하나님을 중심에 모신 사랑에는 제한이 없습니다. '상대'를 위해 사랑할 마음이 내키지 않을 때는, '하나님'을 위해 사랑하십시오.

오늘의 부부수업

오늘 배우자의 얼굴을 보기 전에, 상대방의 이름을 부르면서 그의 필요를 위해 간구하십시오. 사랑한다는 고백이 쉽건 어렵건 간에 사랑한다고 말하고, 그 사랑을 눈에 보이는 방법으로 표현하십시오. 그런 다음에는 이 특별한 사람을 조건 없이, 하나님이 당신 부부를 사랑하신 것처럼 사랑할 수 있는 특권을 주신 하나님께 감사하는 기도를 드리십시오.

☐ 오늘의 수업을 완수했으면 여기에 표시하십시오.

- 이런 동기의 변화가 부부 관계와 행동에 어떤 영향을 미치겠습니까?
- 당신은 어떤 행동을 취하겠습니까? 어떤 행동을 그만두겠습니까?

오직 나와 내 집은 여호와를 섬기겠노라. (수 24:15)

"매일을 '배움의 날'로 삼는 것이 내 기도 제목입니다." _제리

Day 30

사랑은 하나 되게 합니다

―――― ❦ ――――

거룩하신 아버지, 아버지께서 내게 주신
아버지의 이름으로 그들을 지켜주셔서, 우리가 하나인 것같이,
그들도 하나가 되게 하여 주십시오.

요 17:11, 새번역

성경에서 정말 인상적인 부분은, 66권을 관통하는 일관적인 주제가 처음부터 끝까지 하나님의 구원 계획을 조화롭게 전하면서 서로 아름답게 연결되어 있다는 점입니다. 성경은 1,600년의 세월에 걸쳐 각기 다른 배경과 능력을 지닌 40명의 작가가 기록했지만, 하나님은 그 말씀을 통일된 목소리로 조율하셨습니다. 그분은 그 핵심 메시지를 유지하면서 오늘날까지 성경을 통해 계속해서 말씀하십니다.

통일성, 일체성, 하나 됨…. 이런 것들이 변함없는 하나님의 특징입니다.

우리는 태초부터 삼위일체 하나님, 즉 성부, 성자, 성령 하나님이 하나 되어 일하시는 모습을 볼 수 있습니다. 성부 하나님은 천지를 창조하십니다. 성령 하나님은 "수면 위에 운행"(창 1:2)하십니다. "하나님의 영광의 광채시요, 그 본체의 형상이신"(히 1:3) 성자 하나님은 말씀으로 세상을 창조하는 일에 동참하십니다. "우리의 형상을 따라 우리의 모양대로 우리가 사람을 만들고"(창 1:26). '우리의, 우리가'. 세 분 하나님의 목적과 생각이 언제나 완벽하게 하나입니다.

나중에 예수님이 물로 세례를 받으신 후에, 성령님이 비둘기처럼 내려오시고, 성부 하나님이 위엄 있는 목소리로 말씀하셨습니다. "이는 내 사랑하는 아들이요, 내 기뻐하는 자라"(마 3:17).

성부, 성자, 성령은 본래 하나이십니다. 삼위 하나님은 서로 섬기고 사랑하며 존중하십니다. 완벽하고 가장 높으신 존재이시나, 다른 위격이 높임을 받을 때 함께 기뻐하십니다. 각기 독특한 존재이시나, 결코 나뉠 수 없는 하나이십니다.

하나님의 광대하심과 크심을 잘 드러내는 이 관계가 너무나 특별하기에, 그분은 우리도 그것을 일부 경험하게 하셨습니다. '부부'라는 독특한 관계 안에서, 두 명의 개별적인 존재는 영적으로 "한 몸"을 이룹니다(창 2:24). "그러므로 하나님이 짝지어 주신 것을 사람이 나누지 못할지니라"(막 10:9).

온전히 하나로 엮인 부부간의 사랑이라는 이 비밀이 너무도 크기에, 하나님은 교회를 향한 그분의 사랑을 결혼이라는 비유로 설명하셨습니다. 구세주를 예배하고 찬양할 때 교회(신부)는 가장 큰 영예를 얻습니다. 교회를 위해 자신을 희생한 그리스도(신랑)는 아름다운 그의 교회를 볼 때 가장 큰 영예를 얻습니다. "마치 아름답고 깨끗한 신부처럼 교회를 깨끗하고 거룩하게 하시기 위해, 그리스도께서 죽으셨던 것입니다"(엡 5:27, 쉬운성경). 그리스도와 교회는 서로 사랑하고 존중합니다.

이것이 바로 '하나 됨'의 미덕입니다. 분열은 관계와 가정을 무너뜨리지만, 하나 됨은 관계와 가정을 튼튼하게 해줍니다.

만약 남편이 모든 면에서 아내를 사랑하고 존중하고 섬기는 데 전적으로 헌신한다면, 결혼 생활이 어떻게 달라지겠습니까? 어떠한 희생과 사랑 표현을 통해서라도 아내와 하나 됨을 지켜나가기로 결단한다면 어떻게 되겠습니까? 부부의 하나 됨을 지키기 위해, 대화와 오해 사이를 슬기롭게 헤쳐 나간다면 어떻게 되겠습니까?

만약 아내가 무슨 수를 써서라도 남편과 하나 된 마음을 지키려 한다면 어떤 일이 벌어지겠습니까? 두 사람의 연합을 방해하는 모든 문제를 사랑과 겸손, 존중과 이타심이라는 약으로 배격해야 할 독이요, 암적인 존재, 원수로 다룬다면 어떻게 되겠습니까? 하나 됨이 망가지는 모습은 결단코 다시 보지 않겠다고 결심한다면, 결혼 생활은 어떻게 변하겠습니까?

우리가 다음과 같은 사도 바울의 말을 마음에 새긴다면 어떻게 되겠습니까? "형제들아, 내가 우리 주 예수 그리스도의 이름으로 너희를 권하노니, 모두가 같은 말을 하고 너희 가운데 분쟁이 없이 같은 마음과 같은 뜻으로 온전히 합하라"(고전 1:10).

결혼 생활에서 하나 됨을 유지하려면 같은 생각을 품어야 합니다. 이 말은 두 사람 사이에 의사소통이 끊임없이 이루어져서 연합을 누릴 수 있어야 한다는 뜻입니다. 생각과 가치관, 결정, 앞으로의 계획을 공유하고, 둘의 삶을 한데 엮어서 한 마음을 유지하며, 한 결정을 내리고, 한 목소리를 낸다는 뜻입니다. 어떤 사람이나 사건이 부부의 연합을 방해할 때마다, 두 사람은 그것을 해결하고 회복하는 데 필요한 모든 조치를 신속하게 내려야 합니다. 다시 한 의견을 품어야 합니다.

삼위일체의 연합은 과거 역사나 미래를 보더라도 가장 강력한 하나 됨의 증거입니다. 절대로 깨지지 않고, 영원하며, 놀랍습니다. 그런데 이와 똑같은 영적인 실재가 정체를 감추고 우리 가정에 들어와 있습니다. 직장 업무와 병원 예약, 장보기로 위장했지만, 하나 됨은 '결혼'이라는 일상을 영원의 씨줄과 날줄로 엮어 삶에 목적을 가져다줍니다.

그러므로 당신 몸의 일부나 다름없는 그 사람을 사랑하십시오. 그의 필요가 곧 당신의 필요이기도 한 그 사람을 섬기십시오. 당신이 사랑으로 받쳐 주면, 당신 역시 하나님을 닮은 사람으로 세워 줄 그 사람을 존중하십시오.

오늘의 부부수업

결혼 생활의 한 영역을 따로 떼어 내어 그 부분을 놓고 중점적으로 기도하는 시간을 가지십시오. 배우자와의 하나 됨을 위협하는 요소가 마음에 있다면, 그것을 드러내 달라고 주님께 간구하십시오. 하나님이 의사소통 통로를 열어 주셔서 부부가 더욱 한 마음이 될 수 있게 해달라고 기도하십시오. 적절한 경우라면, 하나님께 하나 됨을 구하면서 이 문제를 허심탄회하게 논의해 보십시오.

☐ 오늘의 수업을 완수했으면 여기에 표시하십시오.

― ∞ ―

- 의견이 일치하지 않는 문제에서 하나님이 허락해 주신 새로운 통찰이나 발견이 있었습니까?
- 그 깨달음에 어떻게 반응할 작정입니까?
- 하나님이 배우자에게는 어떤 일을 해주시기를 바랍니까?

주는 우리의 하나님이시요, 주는 오직 한 분뿐이시다! (신 6:4, 새번역)

"하나님이 중심에 계실 때 그 결혼 생활이 얼마나 놀라울 수 있는지 우리 자녀들이 알았으면 좋겠습니다." _리사

Day 31

사랑은 부모로부터 독립합니다

이러므로 남자가 부모를 떠나 그의 아내와 합하여
둘이 한 몸을 이룰지로다.

창 2:24

오늘의 말씀은 하나님이 의도하신 결혼의 청사진을 보여 줍니다. '한 남자+한 여자=하나'라는 그분의 구체적인 설계는 창조 때에 계획되었고(창 2:24), 예수님이 확인하셨으며(막 10:6-9), 사도 바울이 분명히 해주었습니다(엡 5:31). 하지만 이 계획이 효력이 있으려면, 분리와 결합이 있어야 합니다. 완전히 새로운 관계를 세우는 동시에 기존의 관계를 재정비해야 합니다. 결혼은 모든 것을 뒤바꾸어 놓습니다. 그렇기 때문에 이 '떠남'과 '결합'의 메시지를 마음에 새기지 못한 부부들은 철저하게 그 대가를 치르게 됩니다. 누군가에게 상처를 주지 않고서는 문제 해결이 한층 어려워지는 것입니다.

'떠나라'는 말은 타고난 관계를 깨야 한다는 뜻입니다. 이제 부모는 존중받는 조언자 역할을 맡게 되지만, 더 이상 자녀에게 이래라 저래라 해서는 안 됩니다.

하지만 많은 신혼부부가 부모를 떠나지 못해 힘들어합니다. 또한 어떤 부모는 자녀에 대한 통제와 기대감을 아직 포기할 준비가 안 되어서, 이 중요한 과정에서 자기 몫을 다하지 못하기도 합니다. 그런 경우에는 성장한 자녀가 스스로 용기 있는 선택을 해서 '떠나야' 하는데, 이때 제대로 분리가 이루어지지 못하는 경우가 많습니다.

'떠난다'고 해서 과거의 모든 관계를 완전히 포기하는 것은 아닙니다. 오히려 결혼의 원래 목적에 부합하는 독특한 하나 됨을 세우고 유지하는 것입니다. 오로지 그 하나 됨 안에서만 하나님이 원하시는 모습으로 살아갈 수 있기 때문입니다. 부모와 애착 관계가 심하거나, 부모나 배우자의 부모에 휘둘리는 사람은 하나님이 원하시는 결혼의 독립성을 꽃피울 수 없습니다. 그런 사람은 상대방에게 늘 무언가를 숨길 것이고, 그 분열의 뿌리로 인해 부부 관계에 끊임없이 곁가지가 뚫고 나올 것입니다.

당신은 부모님에게 조언과 기도는 감사하지만, 부부가 스스로 결정을 내릴 수 있는 공간을 허락해 주어야 한다고 정중하게 말씀드려야 합니다. 부모님이 이런 반응에 놀라거나 상처를 받더라도, 이는 부부가 함께 앞으로 나아가는 데 도움이 되는 꼭 필요한 단계입니다. 당신의 결혼 생활이 건전하지 못한 집착에서 자유로워지기 위해서는 용기와 명료함이 반드시 필요합니다.

부모 자식 간의 해결되지 못한 문제 가운데에는 불건전한 집착이 비롯된 경우가 종종 있습니다. 아버지는 여전히 사과를 해야 한다고 생각하거나, 잘못을 용서받지 못했다고 느낄지도 모릅니다. 어머니는 장성한 자녀가 자기 없이는 못 살 거라고 생각할 수도 있습니다. 빈 둥지에 적응하는 과정에서 불안함을 느끼는 것입니다. 이들은 그저 자식들이 자신이 한 일에 감사를 표현해 주기를 바라거나, 앞으로도 자녀들의 사랑이 변치 않으리라는 것을 확인하고 싶은지도 모릅니다. 어느 쪽이든, 결혼한 자녀들은 부모를 모시고 외식을 한다거나, 사과가 됐든 격려가 됐든 꼭 필요한 말을 담아 사랑과 감사를 표현하는 편지를 쓰는 편이 현명합니다.

잊지 마십시오. 아무것도 안 하고 가만히 있는데 저절로 문제가 사라지는 법은 없습니다. 이제 당신이 가장 충성해야 할 대상은 부모에게서 배우자로 바뀌어야 합니다. 옛 애인이나 친구들에게 쏟던 관심을 배우자에게 쏟아야 합니다. 당신의 부부 관계가 꽃필 수 있는 공간을 충분히 마련하도록, 다른 사람들은 모두 뒤로 물러나 정서적으로 멀어져야 합니다. '떠나지' 않으면, 두 사람의 마음이 하나가 되는 데 필요한 '결합'은 불가능합니다.

'결합'이란 누군가를 열심히 쫓아가 붙든다는 개념입니다. 당신이 안전하게 의지할 수 있는 새로운 반석에 매달리는 것입니다. 이 결합은 당신이 하는 모든 일에 유익을 줄 수 있는 하나 됨을 형성해야 합니다. 이제 남자는 당신이 속한 새 가정의 영적인 리더로서, "그리스도께서 교회를 사랑하시고 그 교회를 위하여 자신을 주심같이"(엡 5:25) 당신을 부양하고 보호하고 사랑할 책임을 위임받았습니다. 이제 여자는 당신과 한 몸을 이루어 교회가 그리스도께 하듯 자기 남편을 존중하기로 결단한 이로서(엡 5:22-33), 당신을 돕고 완성시키고 독특하게 지지하는 일로 부름을 받았습니다. 부부가 날마다 드러내야 할 자신의 존재(부르심)에 대해 더 많이 알아갈수록, 두 사람은 결혼 생활의 가치를 기하급수적으로 높이게 될 것입니다.

하지만 자신들이 하나님보다 더 잘 안다고 생각하여 그분이 의도하신 결혼의 목적이나 부부의 역할을 무시하는 현상은, 일반 부부뿐 아니라 그리스도인 부부에게서도 흔히 찾아볼 수 있습니다. 오늘의 말씀(창 2:24)을 실제로 적용하기란 너무 낯설고 힘겨운 일입니다. 그래서 이들은 세속적인 사고방식에 안주하고 하나님이 의도하신 "떠나서 합하라"라는 말씀은 무시합니다. 자기 인생에서 가장 중요한 관계와의 하나 됨과 힘을 희생하여, 그 관계에 속하지 않은 다른 사람을 만족시키려 합니다. 자신들의 결혼 생활이 더 하나가 될수록, 자기 삶의 다른 역할과 책임을 더 잘 다룰 수 있다는 것을 깨닫지 못합니다.

물론 어느 한 편에서만 하나 됨을 추구하면 무척 힘들 것입니다. 당신의 배우자는 하나님이 결혼 생활에 심어 두신 하나 됨과 목적을 회복하는 일에는 전혀 관심이 없는 것 같습니다. 설사 약간의 관심이 있다 하더라도, 두 사람 사이에는 해결 기미가 전혀 보이지 않는 문제들이 산적해 있습니다.

그러나 하나 됨을 향한 열정을 최우선 순위에 놓고 계속해서 기도하면, 그리고 숨겨 둔 보물처럼 그 하나 됨을 보호하면, 시간이 흐르면서 당신의 결혼 생활은 하나님이 의도하신 아름다운 연합을 누리기 시작할 것입니다. 결혼으로 부부를 '하나' 되게 하신 그분의 결정은 의도적이고, 아름답고, 영원하며, 그 어떤 일도 가능하게 할 수 있습니다.

그러니 떠나십시오. 결합하십시오. 그리고 하나 되어 함께 걸으십시오.

오늘의 부부수업

아직까지 부모나 다른 어떤 사람에게서 완전히 '떠나지' 못한 문제가 있습니까? 오늘 배우자에게 그 문제를 고백하고, 바로잡기로 결심하십시오. 결혼 생활의 하나 됨이 여기에 달려 있습니다. 세상 그 어떤 관계보다 부부 관계를 최우선 순위에 놓을 수 있도록 하나님과 배우자에게 헌신을 다짐하고, 그대로 실천하십시오.

☐ 오늘의 수업을 완수했으면 여기에 표시하십시오.

- 이 문제를 해결하기가 어렵지는 않았습니까?
- 이것이 부부 관계에 어떤 영향을 미쳤습니까?
- 배우자(처가나 시가)와의 갈등이 가장 힘든 관계라면, 어떻게 이 문제를 개선할 수 있겠습니까?

> 아버지여, 아버지께서 내 안에, 내가 아버지 안에 있는 것같이
> 그들도 다 하나가 되어. (요 17:21)

"이 40일 동안 서로에 대해 정말 많이 알게 되었어요. 특히 조건 없이 사랑하는 법, 상대를 위한 시간을 갖는 법, 영적으로 함께 성장하는 법을 배웠습니다." _폴라

Day 32

사랑은 성욕을 채워 줍니다

남편은 그 아내에 대한 의무를 다하고,
아내도 그 남편에게 그렇게 할지라.

고전 7:3

결혼 생활에는 사랑이 왕성하게 피어나야 합니다. 구약과 신약은 모두 결혼 관계 안에서 성생활의 아름다움을 누리라고 명령합니다.

예를 들어, 아가서는 자기 백성을 향한 하나님의 열정을 나타낸 비유로만 오해되는 경우가 있지만, 그 자체로도 아름다운 사랑 이야기입니다. 아가서는 부부의 성행위를 시적으로 묘사하면서, 두 사람이 낭만적인 사랑의 관계에서 상대를 어떻게 열정적으로 사랑하고 아끼는지 보여 줍니다.

솔로몬은 다른 책에서 "네 샘으로 복되게 하라. 네가 젊어서 취한 아내를 즐거워하라. 그는 사랑스러운 암사슴 같고 아름다운 암노루 같으니 너는 그의 품을 항상 족하게 여기며 그의 사랑을 항상 연모하라"(잠 5:18-19)라고 말했습니다. 여기서 '복되게', '즐거워하라', '족하게', '연모하라'와 같은 단어는 성적인 친밀함이 하나님이 주신 가장 큰 결혼 선물이며, 부부가 이를 꾸준히 제대로 누려야 한다는 것을 생생하게 보여 줍니다.

성은 하나님이 우리에게 자비롭게 베풀어 주신 것, 평생 헌신한 언약 관계 안에서 "벌거벗었으나 부끄러워하지 않는"(창 2:25) 순수함을 누리는 것입니다. 우리는 신체적인 친밀함을 누리면서 관계적, 정서적, 영적인 친밀함도 강해지는 것을 경험합니다. 신실한 사랑은 넘치는 기쁨으로 변하고, 결혼 생활이 아닌 그 어떤 성관계도 줄 수 없는 깊고 지속적인 평안을 낳습니다. 결혼 관계의 일부인 성은 대가도, 죄책도, 후회도 없습니다.

그래서 하나님은 한 가지 성관계, 즉 결혼한 한 남자와 한 여자의 관계만 허락하시고, 그 주위에 사랑과 보호의 경계를 두십니다. "모든 사람은 결혼을 귀히 여기고 침소를 더럽히지 않게 하라"(히 13:4)라는 말씀으로 도덕적인 순결함을 보호하고(고전 7:1-2), 우리 몸을 보호하며(고전 6:18), 배우자를 존중하고(출 20:14), 우리의 성 경험으로 그분께 영광을 돌릴 수 있는(고전 6:19) 유일한 방법을 알려 주십니다. 그분은 우리의 기쁨을 제한하시는 것이 아니라, 그 기쁨을, 그리고 우리를 보호하시는 것입니다.

하지만 우리는 모두 연약한 인간입니다. 과거의 영향을 받고, 주변 문화에 속아 넘어갑니다. 불경한 욕구의 유혹을 받습니다. 어떤 그리스도인들은 남 몰래 자신의 결혼 생활이 더럽고 수치스럽다고 생각하기도 합니다. 그런가 하면, 과거에 있었던 부정과 간음의 기억에 시달리며 짓눌리는 그리스도인들도 있습니다. 어떤 이들은 음란물의 파괴적인 영향에 넘어가서, 순수하고 오염되지 않으며 힘을 주는 관계 대신, 사람이 만든 죄악된 대안으로 성욕을 채웁니다. 그 결과 많은 부부가 서로 멀어지고, 관계가 진부해지며, 서로 밀어내고, 자기 배우자에게만 정당하고 배타적으로 속한 소중한 것을 주지 않게 됩니다.

하나님은 '한 몸' 정신에 기초해 결혼을 세우셨습니다(창 2:24). "아내는 자기 몸을 주장하지 못하고 오직 그 남편이 하며, 남편도 그와 같이 자기 몸을 주장하지 못하고 오직 그 아내가 하나니"(고전 7:4). 부부는 '하나'이고 서로에게 속했습니다. 하나님이 이 땅에서 배우자의 성적인 필요를 채우기 위해 부르고 계획하신 유일한 사람이 바로 당신입니다.

그래서 성경은 "서로 분방하지 말라. 다만 기도할 틈을 얻기 위하여 합의상 얼마 동안은 하되 다시 합하라. 이는 너희가 절제 못함으로 말미암아 사탄이 너희를 시험하지 못하게 하려 함이라"(고전 7:5)라고 경고합니다. 배우자가 문을 두드리며 신체적인 친밀감을 요구한다면, 당신은 문을 열고 상대를 맞아들여야 합니다. 성관계(혹은 성관계를 보류하는 것)를 무기나 협상카드로 사용해서는 안 됩니다. 결혼의 핵심은 다른 사람의 필요를 채우기 위해 나를 상대방에게 온전히 주는 것입니다.

"여러분은 하나님께서 값을 치르고 산 몸입니다"(고전 6:20, 쉬운 성경). 하나님은 당신을 무한히 사랑하시고, 당신이 그분을 갈망하도록 모든 노력을 다 기울이셨습니다. 이제는 당신이 배우자의 마음을 얻기 위해 사랑의 값을 치를 차례입니다. 성은 이 부부수업에 수반되는 것을 실천할 수 있도록 하나님이 주신 기회입니다.

그러나 이것이 다가 아닙니다.

예수 그리스도를 알고 사랑하는 사람들이 천국에 들어가 그분과 함께 영원히 살 때 가장 큰 축하를 받게 될 것입니다. 그때가 그리스도의 신부인 교회가 드디어 사랑하는 신랑을 맞이하는 구원 언약의 절정이 될 것입니다(엡 5:21-32). 천국에는 성이 존재하지 않는다고 묘사되지만, 하나님은 부부가 맺은 언약의 신체적인 절정을 통해 천국의 기쁨을 조금 맛보게 하십니다. 우리가 성관계의 절정에서 느끼는 일시적인 기쁨은, 우리로 하여금 천국에서 영원히 누릴 더 크고 순수한 기쁨을 소망하고 기대하는 가운데 하나님을 예배하게 해야 합니다.

그러니 배우자와 성스러운 관계를 완성할 때마다 그 연합이 결혼의 친밀함, 두 사람이 누리는 사랑의 대단원을 축하하는 일임을 잊지 마십시오. 더 중요한 것은, 그것이 거룩하신 하나님의 아름다운 영광을 위한 일이라는 것입니다. 부부의 하나 됨으로, 하나님이 이미 이루신 일과 곧 우리가 누릴 영원한 기쁨으로 인해 그분을 예배하십시오.

오늘의 부부수업

가능하다면, 오늘 남편이나 아내에게 먼저 성관계를 제안하십시오. 배우자가 당신에게 성적으로 요구했던(혹은 암시한) 내용을 존중하면서 해야 합니다. 두 사람이 성관계를 즐기고, 더 깊은 친밀함으로 발전하는 계기가 될 수 있게 해달라고 하나님께 간구하십시오.

☐ 오늘의 수업을 완수했으면 여기에 표시하십시오.

- 당신에게 만족스러운 경험이 되었습니까?
- 기대한 대로 잘 되지 않았다면, 무엇이 문제였다고 생각합니까?
- 이 부분을 놓고 기도했습니까?
- 두 사람에게 진정한 축복의 시간이 되었다면, 오늘의 일을 경험 삼아 앞으로는 어떻게 더 잘할 수 있겠습니까?

오 나의 사랑, 나를 기쁘게 하는 여인아, 그대는 어찌 그리도 아리땁고 고운가? (아 7:6, 새번역)

'더 좋은 성관계를 맺는 7단계'는 304쪽에 있는 부록을 보십시오.

Day 33

사랑은 서로 완성해 줍니다

―――― ❦ ――――

또 두 사람이 함께 누우면 따뜻하거니와
한 사람이면 어찌 따뜻하랴.

전 4:11

    하나님은 천지창조 마지막에 남자를 취해 그의 몸 일부로 여자를 만드셔서 첫 번째 결혼을 창조하셨습니다. 이 신비로운 결혼을 통해 두 사람은 하나가 될 수 있었습니다. 아담은 하나님으로 만족했지만, 돕는 배필인 하와를 만나 하나님이 계획하신 자신의 필요가 더 온전히 충족되는 것을 발견했습니다. 이 점은 당신의 결혼 생활에서도 마찬가지입니다. 필요한 경우에는 혼자라도 행동을 취해야 하겠지만, 사랑은 독주가 아닐 때 훨씬 더 아름답습니다.
    예를 들어, 우리 몸은 상대방을 위해 만들어졌습니다. 남녀의 본성과 기질은 균형을 맞추어서 당면한 과제를 더 효과적으로 완수할 수 있습니다. 남녀는 하나 됨으로 자녀를 출산하며, 엄마와 아빠라는 팀워크는 자녀를 건강하고 성숙하게 양육하는 최선의 방법입니다.

한 사람이 약한 영역에서, 다른 사람이 강합니다. 한 사람에게 성장이 필요하면, 다른 사람이 그를 격려하고 도와줄 수 있습니다. 상대방의 기쁨은 배가하고, 슬픔은 나눌 수 있습니다.

성경은 "두 사람이 한 사람보다 나음은 그들이 수고함으로 좋은 상을 얻을 것임이라. 혹시 그들이 넘어지면 하나가 그 동무를 붙들어 일으키려니와 홀로 있어 넘어지고 붙들어 일으킬 자가 없는 자에게는 화가 있으리라"(전 4:9-10)라고 현명하게 말합니다. 이는 마치 손이 둘이어서 다른 한 손의 효과를 높여 주는 것과 같습니다. 이러한 성공을 계속 이어 가려면, 상대가 꼭 필요합니다.

하나님은 당신이 태어나기도 전에 언젠가 지금의 배우자와 결혼할 것을 아셨습니다. 당신의 성별, 성격, 출생 순서, 원가족, 개성 등을 계획하시는 가운데, 당신의 배우자만이 채울 수 있는 필요를 의도적으로 만드셨습니다. 서로 다르기 때문에 오해와 갈등을 빚기도 하지만, 우리가 그런 차이들을 존중하기만 한다면 하나님이 창조하신 그런 차이점들은 축복이 될 수도 있습니다.

예를 들어, 한 사람은 요리를 잘하고, 다른 한 사람은 설거지를 잘할 수 있습니다. 아내는 성품이 온유해서 가족끼리 화목하도록 다리 역할을 잘하고, 남편은 직접적이고 효과적으로 기강 잡는 일을 더 잘할 수 있습니다. 남편이 경제관념이 뚜렷한 반면, 아내는 남편이 인심을 잃지 않도록 견제할 수 있습니다. 부부가 이런 차이점을 수용하는 법을 배울 때 상대방에 대한 비판을 그치고, 서로 돕고 감사하는 방향으로 나갈 수 있습니다.

하지만 배우자의 다른 점을 그냥 지나치지 못하는 사람들이 있습니다. 그런 사람들은 좋은 기회를 낭비해 버립니다. 상대방을 자기 뜻대로 움직이려 하면, 각자의 개성이 어우러져 만들어 내는 독특한 효과를 얻을 수 없습니다.

성경에 나오는 본디오 빌라도에게서 이런 예를 볼 수 있습니다. 본디오 빌라도는 예수님의 재판을 주재한 로마 총독이었습니다. 그리스도가 누구인지 알지 못했던 그는 군중의 말을 듣고 예수님을 십자가에 못 박았습니다. 하지만 주변 상황에 더 민감했던 빌라도의 아내는 남편에게 와서 그의 실수를 지적했습니다. "총독이 재판석에 앉았을 때에 그의 아내가 사람을 보내어 이르되 저 옳은 사람에게 아무 상관도 하지 마옵소서. 오늘 꿈에 내가 그 사람으로 인하여 애를 많이 태웠나이다 하더라"(마 27:19).

빌라도의 아내는 예리한 분별력의 소유자로, 남편보다 한발 먼저 이 사안의 중대성을 알아차렸습니다. 물론 하나님이 주권적으로 일하셨기에, 아무도 그 아들이 우리를 위해 십자가로 걸어가는 일을 막지는 못했을 것입니다. 하지만 아내의 직감을 무시한 빌라도는 사람들이 흔히 간과하는, 남자의 유감스러운 면모를 보여 주었습니다. 하나님은 남편을 완성해 주는 존재로 아내를 만드셨습니다. 그리고 많은 경우, 남편에게 부족한 통찰력을 아내에게 주셨습니다. 이런 분별력을 무시하면, 남편들은 어떤 결정을 내릴 때 손해를 보게 됩니다.

하나님이 아담을 보고 "내가 그를 위하여 돕는 배필을 지으리라"(창 2:18)라고 말씀하셨을 때, 창조주는 자신이 무슨 일을 하고 있는지 아셨습니다. 남자에게 도움이 필요하다는 것을 아신 것입니다. 남자들은 무슨 일이든 혼자 하려고 애쓰지만, 번번이 모자람이 있습니다. 그렇기에 "돕는 배필"이라는 아내의 호칭은 열등한 꼬리표나 비판이 아니라, 큰 칭찬입니다. 실제로 성경은 하나님을 우리의 도움으로 묘사했으며(시 124:8), 예수님은 성령님을 '돕는 자'라고 부르셨습니다(요 14:26). 자신을 향한 하나님의 과제를 완수하도록 기꺼이 돕는 아내를 둔 남편은 값을 매길 수 없는 귀한 보물을 소유한 셈입니다.

결혼은 우리가 홀로 설 수 없는 존재요, 결혼 생활의 효력은 부부의 협력에 달려 있다는 것을 남녀 모두에게 보여 주는 하나님의 독특한 방식입니다. 재정 문제나 은퇴 계획 등 중요한 결정을 앞두고 있습니까? 직장에서 일어난 문제에 어떻게 적절히 대처해야 할지 고민입니까? 배우자의 견해는 아랑곳하지 않고, 자녀들 문제에 대한 당신의 결정이 옳다고 확신합니까?

모든 문제를 당신 혼자 분석하지 마십시오. 부부 모두에게 영향을 미치는 사안에 배우자가 자기 의견을 말할 권리를 무시하지 마십시오. 사랑은 하나님이 목적을 가지고 두 사람을 하나 되게 하셨다는 사실을 늘 기억합니다. 설사 배우자의 관점에 동의하지 않는다 하더라도, 상대방의 의견을 존중하고 진지하게 고려해 보아야 합니다. 이것이 부부 관계를 향한 하나님의 계획을 존중하고, 그분이 의도하신 하나 됨을 지키는 길입니다. 각자 따로일 때보다 두 사람이 연합할 때 더 큰 힘을 발휘할 수 있습니다. 당신에게는 배우자가 필요합니다. 부부는 서로 완성해 줍니다.

오늘의 부부수업

앞으로 성공하려면 배우자의 협조가 꼭 필요하다는 사실을 잊지 마십시오. 중요한 결정에 배우자를 제외하지 말고, 상대방의 견해와 조언이 필요하다는 사실을 알려 주십시오. 과거에 배우자의 조언을 무시했다면, 잘못을 인정하고 상대방의 용서를 구하십시오.

☐ 오늘의 수업을 완수했으면 여기에 표시하십시오.

- 배우자의 반응이 어땠습니까?
- 두 사람이 함께 결정해야 할 중요한 문제에는 어떤 것들이 있습니까?
- 오늘 배우자의 역할에 대해 배운 것이 있다면 말해 보십시오.

이 모든 것 위에 사랑을 더하라. 이는 온전하게 매는 띠니라. (골 3:14)

"우리 부부는 단순히 '헌신하는' 수준을 넘어서서 더 많이 '사랑하는' 것을 느낍니다." _앨리스

Day 34

사랑은 거룩함을 기뻐합니다

―――― ❈ ――――

[사랑은] 불의를 기뻐하지 아니하며 진리와 함께 기뻐하고.

고전 13:6

부부가 하나님과 가까워질수록, 결혼 생활에는 사랑이 더 충만해집니다(요 13:34-35). 성숙한 그리스도인이 되어 갈수록 남편과 아내의 역할을 더 잘 감당하게 됩니다. 하나님을 의지하지 않는 사람들에게는 큰 제약이 있습니다. 자신의 변화무쌍한 감정과 이기적인 생각, 인간적인 노력에만 기대기 때문입니다. 하지만 하나님과 함께라면, 우리는 결혼 생활을 위해 그분이 마련하신 도구를 날마다 사용할 수 있습니다. 하나님의 말씀은 우리에게 영적인 자양분을 주고 우리를 훈련합니다(딤후 3:16-17). 하나님은 지혜로 우리의 생각과 결정을 인도하십니다(약 1:5). 하나님의 성령은 우리의 태도를 개선시키고 안팎으로 우리를 성숙하게 만들기 위해(갈 5:22-25) 일하십니다. 하나님의 사랑은 모든 악의와 미묘한 속임수, 불성실한 계획을 거부하십니다.

하지만 우리가 (그리스도인이라 하더라도) 기도하면서 그분을 의지하고, 그 사랑 가운데 걸으며, 그분의 명령에 순종하기를 거부할 때는 영적으로 건조해질 수 있습니다. 자존심과 이기심이 지배하기 시작합니다. 분노와 조급함, 무심함이 기본자세가 됩니다. 그러면 배우자와 가족들이 그 여파를 책임져야만 합니다.

하나님과 동행하는 것이 결혼에 대한 수천 권의 책이나 결혼 상담보다 훨씬 낫습니다. 물론 그런 자료들도 도움은 될 수 있지만 말입니다. 날마다 하나님과 친밀히 동행하는 남자는 아내를 속이거나 함부로 여기지 않을 것입니다. 하나님이 여자의 입을 주장하시면, 가족에게 불평을 하거나 비방하기보다 격려할 것입니다. 간단히 말해, 결혼 생활의 최우선 순위는 날마다 하나님과의 관계를 가꾸어 가면서, 배우자의 영적인 성장을 기뻐해 주는 것이 되어야 합니다.

언제 남편이 가장 자랑스럽습니까? 언제 아내 때문에 가장 기쁩니까? 남편이 회사 골프 대회에서 우승했을 때나 아내가 쇼핑몰에서 괜찮은 물건을 발견했을 때입니까? 아니면, 남편이 자기 전에 가족들을 불러 모아 함께 기도하고 성경을 읽어 줄 때나 아내가 마당을 온통 파헤친 이웃집 개를 용서해 줄 때입니까? 당신은 배우자의 삶에 가장 큰 영향력을 미치는 사람입니다. 배우자는 자신을 가장 칭찬해 주는 사람을 기쁘게 해주기 원할 것입니다. 당신은 그 영향력을 활용하여 상대방이 하나님을 영화롭게 하도록 했습니까?

사랑은 하나님을 기쁘시게 해드릴 때 가장 즐거워합니다. 배우자가 믿음을 지키고, 순수를 추구하며, 봉사와 나눔의 역할을 감당하면서 성숙한 그리스도인이 되어 갈 때, 즉 가정에서 영적으로 책임 있는 사람이 되어 갈 때, 성경은 우리가 그 모습을 마땅히 기뻐해야 한다고 말합니다. 살림을 잘해서 생활비를 아꼈을 때보다, 직장에서 승진했을 때보다 더 기뻐해야 합니다.

아내는 강한 남편이 하나님 앞에서 자신을 낮추는 모습을 볼 때 사랑을 느껴야 합니다. 남편은 아내가 깊이 있는 영적인 확신과 열정을 가지고 살아가는 모습을 볼 때 감동을 받아야 합니다. 하나님이 상대방의 삶에서 성취하신 일들을 보면서 격려하고, 함께 즐거워하고 흥분해야 합니다.

사도 바울은 서신서에서, 성도들이 예수 안에서 믿음을 지키고 성장한다는 소식을 듣고 얼마나 기뻤는지를 기록했습니다. "형제들아, 우리가 너희를 위하여 항상 하나님께 감사할지니 이것이 당연함은 너희의 믿음이 더욱 자라고 너희가 다 각기 서로 사랑함이 풍성함이니 그러므로 너희가 견디고 있는 모든 박해와 환난 중에서 너희 인내와 믿음으로 말미암아 하나님의 여러 교회에서 우리가 친히 자랑하노라"(살후 1:3-4).

때로는 배우자를 칭찬할 부분에 있어서 이 세대의 기준을 받아들인 나머지, 상대가 죄를 짓도록 조장하는 죄를 범할 수도 있습니다. 허영심을 키운다거나 남자들의 거친 행동을 용인해 주는 식으로 말입니다. 하지만 내가 저지른 일이든 상대방이 저지른 일이든, 사랑은 "불의를 기뻐하지 아니"합니다. 오히려 "진리와 함께 기뻐"합니다. 사도 요한이 "내가 내 자녀들이 진리 안에서 행한다 함을 듣는 것보다 더 기쁜 일이 없도다"(요삼 4절)라고 말했을 때처럼 말입니다. 그는 인생에서 타협하거나 물러서지 않고 경건과 순결과 신실함을 추구하는 것이 하나님을 따르는 유일한 길임을, 그래야만 그들의 목적을 이루고, 삶에서 기쁨과 성취를 맛볼 수 있음을 알았습니다.

그런데 당신 배우자가 믿지 않는 사람이면 어떻겠습니까? 하나님을 믿지 않고 그분께 복종하기를 거부하는데, 어떻게 거룩한 행위를 권할 수 있겠습니까? 바울은 믿는 이들에게 권면하기를, 믿지 않는 배우자에게 진실하고, 배우자를 위해 기도하며, 하나님을 공경하여 본이 되는 삶을 살라고 했습니다(고전 7:10-16). 어떤 관계에서는 조롱을 받을지도 모릅니다. 하지만 그리스도가 한 남자의 마음에 들어가시면 그의 삶은 변하게 되며, 하나님이 그 사람에게 주신 변화는 아내가 부인하기 힘든 강력한 증거가 됩니다. 성경은 아내들에게 순종과 정결, 존중하는 행동을 활용하여 남편의 마음을 얻으라고 권면합니다(벧전 3:1-2). 때로는 당신이 배우자가 당신에게서 예수님을 보지 못하도록 방해하는 것 같다고 느낄 수도 있습니다. 그래도 꾸준히 기도하고, 존중하고, 사랑하십시오. 하나님은 아직 포기하지 않으셨습니다. 그분은 그들의 잠자리 바로 곁에 증인을 두셨습니다.

하나님이 주시는 최고의 삶을 경험하는 것 이외에 아내나 남편에게 더 이상 바랄 것이 무엇이 있겠습니까? 물론 배우자가 어떤 일에 성공을 거둔다면 마음껏 기뻐해 주십시오. 그러나 그들이 하나님께 더 가까이 다가가고 그분을 첫사랑으로 존중할 때를 위해 열렬한 축하는 남겨 두십시오.

오늘의 부부수업

배우자가 최근에 그리스도인의 성품(믿음, 사랑, 정직, 인내, 친절, 섬김, 긍휼, 겸손 등)을 확실하게 드러낸 구체적인 예를 찾아보십시오. 오늘 적당한 때에 이 일을 칭찬해 주십시오.

☐ 오늘의 수업을 완수했으면 여기에 표시하십시오.

- 어떤 예를 찾았습니까?
- 배우자의 신앙 성숙을 다른 어떤 방법으로 축하해 줄 수 있습니까?
- 상대방이 계속해서 성장할 수 있도록 어떻게 격려할 수 있습니까?

내가 티없이 깨끗한 마음으로 내 집 안에서 살겠습니다. (시 101:2, 쉬운성경)

"이 책이 없었다면, 하나님이 날마다 이 배움을 통해 나를 인도하시지 않았다면, 지금쯤 나는 어떻게 되었을까? _린다

Day 35

사랑에는 조언이 필요합니다

의논 없이 세워진 계획은 실패하지만,
조언자들이 많으면 그 계획이 이루어진다.

잠 15:22, 새번역

거대한 세쿼이아 나무는 수십 미터 상공까지 뻗어 나가 어떤 주변 환경의 압박에도 견딜 수 있습니다. 번개가 치고, 매서운 바람이 불고, 산불이 맹위를 떨쳐도 세쿼이아 나무는 꿋꿋하게 서서 시련을 극복하고 더 강하게 자랍니다.

이 거대한 나무가 지닌 힘의 비결은 바로 지면 밑에 숨어 있습니다. 다른 나무들과 달리, 세쿼이아 나무의 뿌리는 땅 속으로 깊게 내려가, 주변의 다른 세쿼이아 나무의 뿌리와 연결됩니다. 다른 나무들의 힘을 받아 각각의 나무가 더 튼튼해지는 것입니다.

세쿼이아 나무의 비결은 강하고 건강한 결혼 생활을 유지하는

데도 적용됩니다. 문제가 생겼을 때 둘이서만 대처하는 부부는 역경을 견디지 못하고 헤어지기 쉽습니다. 그러나 다른 강한 부부들과 긴밀한 관계를 맺고 있는 부부는 맹렬한 폭풍을 헤쳐 나갈 확률이 높습니다. 부부가 경험이 풍부한 멘토와 교제하며 경건한 조언을 듣고 건전한 우정을 키우는 것은 아주 중요합니다.

사람은 누구나 인생을 살아갈 때 현명한 조언이 필요합니다. 지혜로운 사람들은 늘 조언을 구하고 달게 받습니다. 미련한 사람들은 조언을 구하지도 않고, 조언을 주겠다는 사람도 마다합니다.

성경은 "미련한 자는 자기 행위를 바른 줄로 여기나 지혜로운 자는 권고를 듣느니라"(잠 12:15)라고 분명하게 말합니다.

현명한 조언은 험난한 장거리 여행길에서 자세한 지도와 개인 가이드를 얻는 것과 같습니다. 그러한 조언은 성공적인 결혼 생활이냐, 무너지는 결혼 생활이냐를 가를 수도 있습니다. 건실한 부부를 초대하여 그들이 성공과 실패를 통해 얻은 지혜를 듣는 것은 아주 중요합니다.

현명한 조언을 몇 시간만 들으면 얻을 수 있는 진리를 여러 해 동안 고생하며 배울 까닭이 무엇입니까? 다른 사람들이 이미 만들어 놓은 다리를 건너면 어떻습니까? 지혜는 순금보다 가치 있습니다. 그런 지혜를 거부하는 것은, 손가락 사이로 금화를 놓쳐 버리는 것과 같습니다.

훌륭한 멘토는 당신이 잘못된 결정을 내리기 전에 미리 경고합니다. 포기하려는 순간에 격려해 줍니다. 결혼 생활에서 새로운 차원의 친밀감으로 나아가려 할 때 힘을 실어 줍니다.

당신 주변에는 조언을 얻고, 기도를 요청하며, 정기적으로 생활을 점검해 줄 수 있는 선배 부부나 동성 친구가 있습니까? 정직하게 충고해 줄 사람이 있습니까?

당신 부부에게는 이런 친구나 멘토가 늘 필요합니다. 성경은 "오직 오늘이라 일컫는 동안에 매일 피차 권면하여 너희 중에 누구든지 죄의 유혹으로 완고하게 되지 않도록 하라"(히 3:13)라고 말합니다. 우리는 사람들과 거리를 둘 때가 많습니다. 하지만 조심하지 않으면 우리를 가장 사랑하는 사람들을 밀쳐 낼 수도 있습니다.

물론 악영향을 주는 사람들은 멀리해야 합니다. 사람마다 각자 나름의 의견이 있는데, 어떤 사람들은 당신에게 이기적으로 행동하라고, 자신의 행복을 위해 배우자를 떠나라고 부추깁니다. 그가 만약 행복한 결혼 생활을 누리지 못하는 사람이라면, 그 사람의 조언을 들을 때 주의해야 합니다.

결혼 생활이 위기를 맞았거나 이미 이혼으로 치닫고 있다면, 모든 일을 멈추고 가능한 한 빨리 믿을 만한 사람에게 상담을 받아야 합니다. 오늘 당장 목회자나 성경적인 상담가, 결혼 사역자에게 연락하십시오. 낯선 사람에게 자신의 생활을 공개하는 것이 처음에는 불편하겠지만, 결혼 생활은 아무리 큰 희생과 시간을 들이더라도 지켜 낼 가치가 있습니다. 꽤 안정적인 결혼 생활을 유지하고 있는 사람이라 하더라도, 정직하고 열린 자세를 지닌 멘토는 꼭 필요합니다. 그들은 돛에 부는 바람처럼 결혼 생활을 더 견실하게 인도해 줄 것입니다.

그렇다면 좋은 멘토는 어떻게 고를 수 있습니까? 당신이 원하는 결혼 생활을 하고 있는 사람을 찾으십시오. 그리스도를 최우선 순위에 두는 사람을 찾으십시오. 자신의 견해가 아니라 변함없는 하나님의 말씀에 따라 살아가는 사람을 찾으십시오. 이런 사람이라면 당신이 도움을 요청할 때 기꺼이 받아 줄 것입니다. 하나님께 이런 사람을 보내 달라고 기도하십시오. 그다음에는 만날 시간을 잡으십시오.

멘토를 찾는 일을 대수롭지 않게 생각한다면, 그 이유를 스스로 질문해 보는 것이 좋습니다. 뭔가 숨기는 것이 있지는 않습니까? 당황스러운 일이 생길까 봐 두렵습니까? 혹 당신 부부에게는 외부의 도움이 전혀 필요 없다고 생각합니까? 긍정적인 영향을 받는 데 별로 관심이 없습니까?

도움을 받을 수 있는데도 주변의 경고를 무시해서 이혼까지 이르는, 또 다른 타이타닉호의 선장이 되지 않기를 바랍니다.

다음 성경 말씀을 염두에 두십시오. "그러므로 우리는 각자 자신이 한 일에 대해 하나님께 사실대로 말씀드리게 될 것입니다."(롬 14:12, 쉬운성경). 이 약속은 절대 깨지지 않습니다. 모든 사람은 궁극적으로 자기 일에 책임을 져야 하지만, 다른 사람의 도움은 얼마든지 받을 수 있습니다. 뜨뜻미지근한 결혼 생활을 놀라운 결혼 생활로 인도하는 것은 바로 이런 관계의 영향력일지도 모릅니다.

오늘의 부부수업

결혼 생활에 도움을 줄 멘토를 찾으십시오. 건실한 그리스도인이면서 당신을 사랑하는 마음으로 솔직하게 대해 줄 사람이면 됩니다. 상담이 필요하다고 생각되면, 우선 약속을 잡으십시오. 이런 과정 중에 하나님이 당신의 결정과 분별력을 인도해 주시기를 간구하십시오.

☐ 오늘의 수업을 완수했으면 여기에 표시하십시오.

- 어떤 사람을 멘토로 삼았습니까?
- 왜 그 사람을 선택했습니까?
- 멘토에게서 어떤 점을 배우고 싶습니까?

참모가 많으면 평안을 누린다. (잠 11:14, 새번역)

"나는 '이미 이렇게 망가졌으니 어떻게 해도 고칠 수 없다'라고 말했지만, 하나님은 우리의 결혼 생활에 악영향을 미치는 모든 것을 없애 주셨습니다." _섀넌

Day 36

사랑은 하나님의 말씀입니다

주의 말씀은 내 발에 등이요, 내 길에 빛이니이다.
시 119:105

성경은 지금까지 가장 많이 사랑받고 영향력을 끼친 책입니다. 최초로 출판된 책이자 역사상 가장 많은 언어로 번역된, 최고의 베스트셀러입니다. 성경처럼 많은 어둠을 밝혀 준 책도, 많은 무지를 교육해 준 책도, 많은 사랑을 전파한 책도, 많은 악을 질책한 책도, 그토록 정확하게 미래를 예측한 책도 없었습니다. 성경은 인류의 기원과 인생의 목적뿐 아니라, 우리가 이 땅과 천국에서 어떻게 하나님을 알 수 있는지도 설명해 줍니다.

성경이 너무 어마어마해서 이해하기 어렵다고 생각하는 사람들이 있습니다. 어디서부터, 어떻게 시작해야 할지 막막해합니다.

하지만 그리스도인이라면 성경의 주요 테마와 깊은 의미를 이해하기 위해 홀로 고군분투하지 않아도 됩니다. 구원으로 당신 마음에 내주하시는 성령님이 진리를 밝히 드러내실 것입니다. "오직 하나님이 성령으로 이것을 우리에게 보이셨으니 성령은 모든 것 곧 하나님의 깊은 것까지도 통달하시느니라"(고전 2:10). 성령님이 비춰 주시는 내면의 등불로 인해 이제 당신은 성경을 읽고, 그 내용에 몰입하며, 뜻을 이해하고, 그 말씀대로 살아갈 수 있습니다.

하지만 그러기 위해서는 먼저, 그렇게 하기로 결단해야 합니다.

말씀을 읽으십시오 지금까지 그렇게 하지 못했다면, 이제부터라도 매일 조금씩 성경을 읽기 시작하십시오. 이상적으로는, 부부가 아침이나 자기 전에 함께 읽는 것이 좋습니다. 시편 119편 기자를 닮으십시오. "내가 전심으로 주를 찾았사오니 … 내가 주께 범죄하지 아니하려 하여 주의 말씀을 내 마음에 두었나이다"(시 119:10-11). 정기적으로 성경 읽는 습관을 들인 사람들은 얼마 되지 않아 성경이 "많은 순금보다 더 사모할 것이며 꿀과 송이꿀보다 더 달다"(시 19:10)는 사실을 발견할 것입니다.

말씀 아래 거하십시오 사람들 말이 맞습니다. 성경은 심오하고 깨닫기 어렵습니다. 그렇기 때문에 말씀을 신실하게 가르치고 설교하는 교회에 출석하는 것이 중요합니다. 설교와 성경 공부 시간에 말

쓸을 들음으로써, 하나님의 말씀을 더 폭넓고 균형 잡힌 관점에서 이해할 수 있습니다. 또한 말씀의 진리를 공급받으려는 열정을 품은 다른 사람들과 함께할 수 있습니다. "그러나 너는 배우고 확신한 일에 거하라. 너는 네가 누구에게서 배운 것을 알며"(딤후 3:14).

말씀대로 사십시오 읽고 내용을 소화하기만 하면 되는 다른 책들과 달리, 성경은 살아 있는 책입니다. 성령님이 그 가운데서 말씀하시기 때문입니다. 타종교의 고대 문서와 달리, 성경의 저자가 지금까지 살아 계시기 때문입니다. 그 내용이 당신의 정체성과 사고방식, 행동에 스며들기 때문입니다. "너희는 말씀을 행하는 자가 되고, 듣기만 하여 자신을 속이는 자가 되지 말라"(약 1:22).

예수님은 모래 위에 인생을 지은 사람들의 이야기를 들려주셨습니다. 이들은 하나님 말씀의 진리를 듣고도 무시한 채 자기 방식을 고집합니다. 삶의 폭풍우가 몰아치기 시작하자 모래 기반은 완전히 허물어집니다. 그 집들은 잠깐은 근사해 보일지 몰라도, 곧 재앙을 맞아 결국에는 무너집니다.

예수님은 이렇게 말씀하셨습니다. "그러므로 누구든지 나의 이 말을 듣고 행하는 자는 그 집을 반석 위에 지은 지혜로운 사람 같으리니, 비가 내리고 창수가 나고 바람이 불어 그 집에 부딪치되 무너지지 아니하나니 이는 주추를 반석 위에 놓은 까닭이요"

(마 7:24-25). 당신의 가정이 불변하는 하나님 말씀의 반석 위에 세워졌다면, 결코 무너지지 않을 것입니다. 하나님은 모든 일에 적절한 계획을 갖고 계시는데, 그 계획을 말씀 가운데 드러내셨기 때문입니다. 누구든지 읽고 적용하기만 하면 됩니다.

예를 들어, 하나님은 당신의 돈 사용법에 대해 더 좋은 계획을 갖고 계십니다. 더 현명한 자녀 양육 계획, 더 건강한 몸 관리 계획, 더 생산적인 시간 사용 계획, 더 평화로운 갈등 해소 계획이 있으십니다. 당신을 만드신 분이 당신의 필요를 정확하게 아시지 않겠습니까?

처음으로 매일 성경을 읽기 시작한다면, 사고방식이 획기적으로 전환되어 영원의 관점으로 생각하게 되는 것을 보고 깜짝 놀랄 것입니다. 당신이 하나님의 방식대로 인생의 전략을 세우려 한다면, 그분은 당신이 읽는 내용을 제대로 적용할 수 있도록 도와주실 것입니다. 매번 새로운 발견에 눈뜨는 여정이 될 것입니다. 성경에서 삶의 온갖 문제를 현명하게 다루는 비결을 발견할 것입니다. 이 책에서 다룬 가장 중요한 진리들은 제가 하나님의 말씀을 읽는 동안 발견한 것입니다.

당신이 순종하는 삶의 각 영역에서 하나님의 인도와 지혜가 더 강력하게, 오래 역사하실 것입니다. 반대로, 하나님께 내놓지 않고 어떻게든 자기 힘으로 해보려 애쓴다면 인생의 폭풍우가 몰아칠 때 힘을 잃고 실패하고 말 것입니다. 그중에서도 제일 무너지기 쉬운 곳이 바로 가정과 결혼입니다. 당신이 하나님의 말씀을 온전히 이해하지 못할 때라도 그 말씀을 완전히 신뢰하도록 하나님이 도우시기를 기도합니다.

현명한 부부는 하나님의 말씀이라는 반석 위에 집을 짓습니다. 모래 위에 지으면 어떤 결과를 초래하는지 잘 압니다. 발판이 흐늘흐늘해지면서 기반이 사라져 버리는 기분을 잘 압니다. 그래서 성경이라는 튼튼한 바위 위에 결혼과 인생을 짓기로 결단해야 합니다. 그때에야 비로소 무시무시한 폭풍우에도 흔들리지 않는 더 나은 미래를 계획할 수 있습니다.

오늘의 부부수업

매일 성경을 읽기로 작정하십시오. 도움이 될 만한 교재나 책을 참고해도 좋습니다. 배우자도 관심 있어 한다면, 두 사람이 함께 성경을 읽는 것도 고려해 볼 만합니다. 삶의 각 영역에서 말씀의 인도를 받고, 반석 위에 집을 짓는 것부터 시작하십시오.

☐ 오늘의 수업을 완수했으면 여기에 표시하십시오.

- 삶의 어떤 부분에서 하나님의 조언이 가장 절실합니까?
- 가장 실패하기 쉬운 부분은 어디라고 생각합니까?
- 말씀을 통해 무엇을 보여 달라고 하나님께 간구했습니까?

이전에 기록된 모든 것은 우리를 가르치기 위해 기록된 것입니다. (롬 15:4, 쉬운성경)

성경과 친해지고 싶다면, 309쪽에 있는 부록을 보십시오.

Day 37

사랑은 합심하여 기도합니다

진실로 다시 너희에게 이르노니 너희 중의 두 사람이
땅에서 합심하여 무엇이든지 구하면 하늘에 계신 내 아버지께서
그들을 위하여 이루게 하시리라.

마 18:19

당신의 결혼 생활에서 한 가지만 고치면 인생이 완전히 달라질 거라고 가정해 보십시오. 그 한 가지가 무엇인지 궁금하지 않겠습니까?

수많은 부부는 '그 한 가지'가 매일 '함께 기도'하는 것임을 발견했습니다.

영적인 문제를 대수롭지 않게 생각하는 사람은 말도 안 된다고 생각하겠지만, 규칙적으로 함께 기도함으로써 끈끈하게 연결된 부부는 더욱 깊은 하나 됨을 누립니다. 결혼이라는 성소에서 함께 기도하는 것은, 결혼의 지속성이라는 전쟁에서 효과적인 무기가 되는 한편, 성적인 친밀감도 높여 줍니다. 함께하는 기도는 부부 관계의 모든 차원에 놀라운 영향을 미칩니다.

남편과 아내가 함께 하나님과 대화하면 놀라운 일이 벌어집니다. 예를 들어, 예수님은 이렇게 말씀하셨습니다. "너희 중의 두 사람이 땅에서 합심하여 무엇이든지 구하면 … 그들을 위하여 이루게 하시리라. 두세 사람이 내 이름으로 모인 곳에는 나도 그들 중에 있느니라"(마 18:19-20). 이 예수님의 말씀은 모든 그리스도인에게 적용되지만, 특별히 그리스도인 부부에게 적용될 수 있습니다. 하나 된 기도는 당신의 결혼 생활에 특별한 방식으로 하나님의 임재를 가져다주어, 당신이 가정에서 경험하기 원하는 사랑과 기쁨, 평안을 불러옵니다. 부부가 함께 손을 모으고 은혜의 보좌에 다가갈 때마다 이런 일이 벌어집니다.

배우자와 한 몸을 이룰 때 하나님은 당신에게 결혼 선물을 주셨습니다. 바로 평생 당신을 위해 기도해 주는 동역자, 당신의 기도 생활을 한 차원 더 높이도록 도와줄 수 있는 사람 말입니다. 어떤 결정을 앞두고 지혜가 필요할 때, 당신과 당신의 기도 파트너는 함께 해답을 달라고 기도할 수 있습니다. 두려움과 불안감으로 힘들어할 때, 당신의 기도 파트너는 당신 손을 잡고 당신을 위해 중보할 수 있습니다. 부부 사이가 틀어지고, 계속해서 부딪히는 문제가 생긴다면, 무기를 내려놓고 작전 타임을 불러 부부가 함께 긴급

기도를 요청할 수 있습니다. 기도는, 어쩔 줄 몰라 고민할 때 반사적으로 나오는 첫 번째 행동이 되어야 합니다.

기도하는 대상에게 오랫동안 화를 품기는 쉽지 않습니다. 배우자가 겸손하게 하나님 앞에 부르짖고, 부부 갈등 중에 그분의 자비를 구하는 모습을 보면 한발 양보할 수밖에 없습니다. 부부는 기도하는 가운데 하나님이 두 사람을 하나 되게 하셨다는 사실을 기억합니다. 하나 되게 하시는 그분께 사로잡힘으로, 불화는 사라지고 화목이 찾아옵니다.

실제로, 예수님이 사용하신 '합심'이라는 단어는 아름다운 합주곡을 뜻합니다. 두 악보를 함께 연주하면 따로따로 연주할 때보다 더 풍성하고 듣기 좋은 화음을 만들어 낼 수 있습니다. 마찬가지로, 우리가 각자 다른 견해와 성품을 기도 가운데 녹여낼 때 하나님은 두 사람이 아름답게 조화를 이루게 하십니다. 비록 불화 중에 드리는 기도라 할지라도, 합심 기도는 부부가 각자의 중심으로 돌아갈 수 있게 돕습니다. 기도는 두 사람을 하나님 앞이라는 공통 기반에 세웁니다.

성경이 그리스도의 신부로 비유하는 교회에서도, 때로는 불화가 발생하여 예배와 연합이 망가지고 교인들이 소명에서 멀어지기도 합니다. 경건한 교회 지도자들 중에는 이런 문제를 감지하고 토론을 중단한 채 기도를 요청하는 이들도 있을 것입니다. 의견 충

돌이 계속되어 더 많은 사람이 상처받기 전에, 하나님께 마음을 모으고 도움을 간구함으로써 하나 됨을 회복하려 할 것입니다.

가정에서도 마찬가지입니다. 아무리 심각한 불화 상태라 하더라도, 기도가 개입하면 같은 일이 벌어집니다. 기도는 출혈을 멈추고, 격앙된 목소리를 잠잠하게 해줍니다. 기도는 부부가 잠시 멈춰서 우리가 어떤 분의 존전에 있는지 깨닫게 해줍니다.

그러나 기도의 역할은 단순히 부부싸움을 멈추게 하는 데 그치지 않습니다. 기도는 날마다 끊임없이 누려야 할 특권입니다. 배우자를 위해 기도하면 그 사람에게 더 많이 신경을 쓰게 됩니다. 배우자가 당신의 필요와 보호, 하나님의 축복을 위해 기도하는 소리를 들을 때, 상대방에 대한 사랑과 감정이 깊어지는 친밀함을 경험하게 됩니다.

잠들기 전의 기도 시간을 염두에 두면, 저녁 시간을 보내는 마음가짐이 달라질 것입니다. 부부의 기도 시간이 짧고 꼭 필요한 제목만 나눈다 해도, 그것은 변함없는 약속의 시간이 되어 당신의 하루가 그것을 중심으로 계획되고, 모든 삶 가운데 하나님을 좀 더 가까이 모시게 됩니다. 그곳이 바로 그분이 계셔야 할 자리입니다.

처음에 이런 습관을 들일 때는 아무래도 어색하고 불편할 것입니다. 하지만 실제로 시도해 보면, 장기적으로 나타나는 결과에 깜짝 놀랄 것입니다. 기도하는 습관을 들일수록, 함께하는 시간의 자연스러운 일부로 정착할 것입니다. 하지만 더 중요한 것은, 부부가 겸손히 '함께' 그분의 얼굴을 구할 때 하나님이 기뻐하신다는 사실입니다.

    평범한 하루에서 중대 결정 사안에 이르기까지 모든 것을 관통하는 이 공통분모를 돌아보면서, 이 '한 가지'가 모든 것을 뒤바꾸어 놓았다는 사실에 감사하게 될 것입니다. 기도야말로 부부가 반드시 한 마음으로 함께해야 하는 것입니다.

오늘의 부부수업

배우자에게 함께 기도하자고 제안하십시오. 하루 중 어느 시간이 가장 적절할지 이야기해 보십시오. 아침 시간, 점심 식사 시간, 잠들기 전 어느 때라도 좋습니다. 기도 시간에 두 사람의 걱정거리와 이견, 당면한 필요를 주님께 아뢰십시오. 그분이 주신 선물과 축복에 감사하는 내용도 빠뜨리지 마십시오. 배우자가 함께 기도하기를 꺼린다면, 혼자서라도 매일 기도 시간을 가지십시오.

☐ 오늘의 수업을 완수했으면 여기에 표시하십시오.

- 배우자가 합심 기도에 동참할 수 있도록 당신은 어떻게 도울 수 있습니까?
- 두 사람이 함께 기도하기로 동의했다면, 그 기도 시간은 어땠습니까?
- 합심 기도를 통해 새롭게 깨달은 사실은 무엇입니까?

아침에 나의 기도가 주의 앞에 이르리이다. (시 88:13)

부부가 함께 기도하는 법은 280쪽에 있는 부록을 참고하십시오.

Day 38

사랑은 꿈을 이룹니다

또 여호와를 기뻐하라.
그가 네 마음의 소원을 네게 이루어 주시리로다.
시 37:4

배우자가 정말로 좋아하는 것은 무엇입니까? 또한 이 질문을 자신에게 얼마나 자주 던집니까?

상식적으로 생각하면, 아내나 남편이 갖고 싶어 하는 것을 전부 줄 수는 없습니다. 이는 가계 예산이나 통장 잔고를 보면 금방 알 수 있는 사실입니다. 설령 경제적인 여유가 있다 해도, 너무 바쁘거나 시간이 부족할 수도 있습니다.

하지만 어쩌면 당신은 너무 빨리 "안 돼"라고 말하는 것은 아닙니까? 너무 기계적으로, 이런 부정적인 대답이 상식적이고 이치에 맞다고 치부하는 것은 아닙니까? 상대방의 바람에 면박만 주지 말고, 최대한 존중해 주면 어떻겠습니까? 배우자가 바라는 것 중에 당신이 지금까지 한 번도 해주지 못한 일을, 다음번에 한번 시도해 보면 어떤 결과가 나오겠습니까?

사랑에는 때로 낭비가 필요합니다. 기꺼이 모든 것을 내줄 수 있어야 합니다. 현실적인 어려움은 내려놓고, 아량의 수문을 열어젖혀 순전한 즐거움으로 상대를 축복해 줄 수 있어야 합니다. 사춘기 애들한테나 어울릴 법한 발상입니까? 결혼 생활 몇 년차인데, 아직도 그런 유치한 사랑 타령이냐고 생각할지도 모릅니다. 하지만 현재 부부 관계가 어떻든지 당신의 마음이 다른 곳에 가 있다면, 진정으로 배우자에게 푹 빠져 있는 것이 아닐 가능성이 큽니다.

그렇다면, 배우자에게 마음을 좀 '쏟아보면' 어떻겠습니까? 당신이 얼마든지 들어줄 수 있는 상대방의 꿈과 바람을 '기꺼이 채워 주려는' 그런 차원의 사랑을 품어 보면 어떻겠습니까?

하나님이 우리를 아낌없이 사랑해 주신 것을 압니까? 그분은 늘 넘치게 주십니다. 더없이 너그럽게 부어 주십니다. 성경은 그분이 모든 지혜와 총명을 우리에게 "넘치게" 하신다고 말합니다(엡 1:8). 예수님의 사랑은 우리에게 한계가 없는 풍성한 생명을 공급해 줍니다(요 10:10). 그리고 그분의 제자인 우리는 그와 같은 넘치는 사랑을 주라고 부름을 받았습니다. 우리에게 요구하는 것보다 더 주고, 오 리를 더 같이 가주고, 사람들의 기대보다 훨씬 더 베풀어야 합니다(마 5:39-45).

하나님의 사랑이 그렇게 당신의 필요를 채워 주시지 않았습니까? 당신은 무거운 죄와 후회의 짐을 지고 살면서 하나님의 은혜를 누릴 길은 영영 없다고 생각했습니다. 그러나 하나님은 사랑의 눈길로 당신을 바라보시며 그럴 필요가 없다고 말씀하셨습니다. 하나님은 당신이 돌아오기를 원하셨습니다. 당신에게 자비를 베풀기 원하셨습니다. 당신이 그분께 돌아오자 당신을 용서하셨습니다. "긍휼이 풍성하신 하나님이 우리를 사랑하신 그 큰 사랑을 인하여 허물로 죽은 우리를 그리스도와 함께 살리셨고"(엡 2:4-5).

당신이 천사처럼 착한 행동만 했기 때문에 하나님이 사랑을 쏟아부어 주신 것이 아닙니다. 그분의 은혜를 받기에 합당한 성품을 갖춰서도 아닙니다. 사랑받을 만한 자격을 갖추지 못했지만, 그분은 당신을 사랑해 주셨습니다. 기꺼이 그 대가를 치르셨습니다. 당신은 그 사랑을 본받아야 합니다. 성경은 하나님이 그분처럼 기쁜 마음으로 즐겨 내는 자를 사랑하신다고 말합니다(고후 9:7). 순수하게 즐거운 마음에서 아낌없이 기꺼이 주는 사람 말입니다.

열심히 저축한 후, 어떤 깜짝 선물로 배우자에게 아낌없는 사랑을 전할 수 있겠습니까? 예쁜 귀걸이? 향수? 평소 갖고 싶어 했던 옷?

둘만의 낭만적인 주말을 보내기 위해, 배우자 몰래 어디를 예약하면 좋겠습니까? 분위기 있는 펜션? 바다가 보이는 리조트?

배우자가 당신에게 바라는 것이 모두 고가의 제품은 아닐 것입니다. 그중에는 돈으로 살 수 없는 것도 있습니다. 배우자가 오랫동안 마음에 품고 있던 큰 프로젝트를 은밀하게 해결해 줄 수도 있습니다.

어쩌면 아내는 당신이 가정에서 시간과 관심을 더 보여 주기를 바랄지도 모릅니다. 자신을 귀부인처럼 대접해 주기를 바라며, 남편이 자기를 가장 귀한 보물로 여긴다는 사실을 알고 싶어 할 수도 있습니다. 따뜻하게 안아 주며, 무슨 일이 생겨도 끝까지 곁에서 사랑해 줄 남편을 바랄 수도 있습니다.

남편은 어떻습니까? 남편은 그저 아내의 존경심을 조금 더 바랄지도 모릅니다. 자녀 앞에서 가장으로서의 위신을 세워 주기를 바랄 수도 있습니다. 생일이나 기념일이 아니어도 특별한 이유 없이 아내가 남편의 목을 껴안고 입맞춤을 해주거나, 사랑이 담긴 쪽지를 건네거나, 근사한 점심 식사에 초대해 주기를 바랄 수도 있습니다. 남편은 아내가 자신을 여전히 힘세고 멋진 남편으로 생각해 주기를 바랄 것입니다.

사람들의 꿈과 바람은 아주 다양한 형태를 띠지만, 사랑은 하나하나를 세밀하게 알아차립니다.

- 사랑은 배우자가 바라거나 정말로 필요로 하는 것을 발견하기 위해 상대의 속뜻까지 귀 기울여 듣습니다.
- 사랑은 당신 부부 관계에만 있는 특별한 것을 기억하거나, 어떻게 하면 지금 이 시기에 새로운 추억을 만들 수 있을지 고민합니다.
- 사랑은 그저 기다리는 것이 훨씬 편할 때에도 상대방에게 먼저 베풉니다.
- 사랑은 정기적으로 이런 기회들을 상상해 봄으로써 상대방의 바람이 곧 당신의 바람이 되게 합니다.

사랑으로 배우자를 감동시킬 수 있는 것들을 생각해 보기 바랍니다. 전혀 기대하지 못했던 친절한 행위로 상대방을 깜짝 놀라게 만들어 보십시오. 돈이 많이 들든, 적게 들든, 당신의 배려와 사랑을 분에 넘치게 표현하려는 마음만은 반드시 드러나야 합니다. 사람들이 인생 말년에 가장 크게 후회하는 것 중에 하나가, 기회가 있을 때 다른 사람들을 더 많이 사랑해 주지 못한 것이라고 합니다. '지금'이 바로 기회입니다.

"배우자가 정말로 좋아하는 것은 무엇입니까?" 이 질문에 대한 답을 실천해야 할 때입니다.

오늘의 부부수업

배우자가 바라는 것이 무엇인지 스스로 질문해 보십시오. 먼저 기도한 다음, 배우자의 소원을 (전부는 아니더라도) 들어줄 수 있는 방법을 계획해 보십시오.

☐ 오늘의 수업을 완수했으면 여기에 표시하십시오.

———∞———

- 과거에 배우자가 바라는 대로 해주기를 꺼렸던 일이 있다면, 그 원인을 한번 생각해 보십시오.
- 배우자의 바람이 당신에게도 최우선 순위라는 사실을 상대방이 안다면, 부부 관계가 어떻게 달라지겠습니까?
- 배우자의 어떤 소원을 들어줄 계획입니까?

하나님께서는 여러분에게 온갖 은혜가 넘치게 하실 수 있습니다. (고후 9:8, 새번역)

"나는 그것이 내 의무라서가 아니라 내 바람이기에, 끝까지 결혼 생활을 지키려고 싸울 것입니다." _제이

Day 39

사랑은 포기하지 않습니다

사랑은 없어지지 않습니다.

고전 13:8, 새번역

인생에 폭풍우가 몰려오고 상황이 악화될 때 사랑은 가장 힘든 문제들조차 견뎌내기로 작정합니다. 위협을 받으면서도 끊임없이 쫓아다니고, 도전을 받으면서도 계속해서 앞으로 나아갑니다. 부당한 대우와 거절에 맞서, 끝까지 포기하지 않습니다.

"사랑은 없어지지 않습니다."

많은 경우 결혼 생활에 위기가 찾아오면, 어떻게든 상황을 개선해 보려는 쪽이 상대방에게 가서, 과거를 묻지 않고 이 결혼에 충실하겠다는 의지를 분명하게 밝힙니다. 그리고 두 사람의 사랑이 계속될 수 있다고 약속합니다. 하지만 그런 이야기는 듣고 싶지 않은 다른 한쪽에서 계속 고집을 피웁니다. 그 사람은 결혼 생활을 그만두고 싶습니다. 이 결혼이 계속 유지될 것 같지도 않고, 자신도 결혼 생활을 더 이상 원치 않습니다.

단단히 각오하고 솔직하게 화해를 제안한 쪽에서는 상대방의 거부가 너무 당혹스럽습니다. 그래서 자신이 한 말을 다시 취소하고 맙니다. "좋아요. 당신 좋을 대로 하세요."

하지만 진정한 사랑은 기대한 답이 돌아오지 않을 때에도 속에 없는 말을 함부로 내뱉지 않습니다. 그만두라는 말 때문에 더 이상 사랑하지 않는다면, 그것은 진짜 사랑이 아닙니다. 하나님에게서 온 사랑은 끊임이 없고, 결코 멈추지 않습니다. 상대방이 사랑을 거부한다 해도, 그저 계속 사랑할 뿐입니다.

사랑은 없어지지 않습니다.

절대로.

예수님의 사랑이 그렇습니다. 예수님의 제자들은 어디로 튈지 알 수 없는 예측 불가능한 사람들이었습니다. 마지막 유월절 만찬을 마치고 난 후, 예수님이 그 밤이 가기 전에 제자들이 자신을 버릴 것이라고 말씀하시자 베드로는 이렇게 대답했습니다. "모두 주를 버릴지라도 나는 결코 버리지 않겠나이다. … 내가 주와 함께 죽을지언정 주를 부인하지 않겠나이다"(마 26:33, 35). 다른 제자들도 한목소리로 베드로의 약속에 가세했습니다.

하지만 그날 밤, 예수님이 아끼시는 제자 베드로와 야고보와 요한은 동산에서 번민하시던 예수님을 두고 줄곧 잠만 잤습니다. 나중에 베드로는 대제사장의 집 뜰에서 세 번이나 주님을 부인했습니다. 예수님께 충성을 맹세한 지 채 몇 시간도 되지 않아 제자들은 모두 예수님을 저버렸습니다. 그래도 예수님은 제자들을 계속 사랑하셨고, 다시 오셔서 그들을 회복시키셨습니다. 그분의 사랑은 "어제나 오늘이나 영원토록 동일하시기"(히 13:8) 때문입니다.

당신 스스로는 하나님께 순종하려고 최선을 다했는데도, 상대방이 거부하고 떠날 수 있습니다. 예수님의 제자들이 그랬던 것처럼 말입니다. 그러나 결혼 생활이 실패하고, 배우자가 떠나도, 그 사람을 사랑하는 일은 결코 포기하지 마십시오.

사랑은 없어지지 않습니다.

바울은 평생 매질과 혹독한 박해, 고통을 견뎌냈습니다. 그는 오로지 한 가지 때문에 이 모든 일을 감수했습니다. "그리스도의 사랑"이 그를 강권하셨기 때문입니다(고후 5:14). 하지만 어떻게 그럴 수 있습니까?

갈라디아서 5장에 기록된 아홉 가지 성령의 열매를 보면, 가장 먼저 '사랑'이 나옵니다. 변함없는 성령님(바울과 모든 그리스도인의 마음에 내재하시는 성령님)이 그 사랑의 근원이시기에, 그분이 당신 안에 심으신 사랑도 변함이 없습니다. 그 사랑은 한결같이 변함없는 하나님의 의지와 부르심, 그분의 말씀에 기초합니다. 그 부르심에는 "후회하심이 없느니라"(롬 11:29)라고 성경은 선포합니다. "천지는 없어지겠으나 내 말은 없어지지 아니하리라"(눅 21:33).

바로 며칠 전에, 결혼 생활을 하나님의 말씀 위에 세워야 한다는 내용을 살펴보았습니다. 모든 것이 무너져도, 하나님의 진리는 영원히 서기 때문입니다. 이 책에 등장하는 사랑의 각 특징은 변함없는 하나님의 말씀에 표현된 그분의 사랑에 기초해 있습니다. 그리고 그리스도인인 당신의 사랑에도 그런 불변의 특징이 드러납니다. 사랑은 "모든 것을 참으며 모든 것을 믿으며 모든 것을 바라며 모든 것을 견디느니라"(고전 13:7).

사랑은 없어지지 않습니다.

결혼 생활이 흔들릴 때 '화해할 수 없는 차이' 때문에 관계가 망가졌다고 말하는 부부가 많습니다. 하지만 진정한 사랑은 화해의 달인입니다. 사랑이 지배하면, 우리는 겸손하게 사과하고 자신의 실패에 온전히 책임을 지며, 배우자가 우리를 실망시킨 부분을 완전히 용서합니다. 번번이, 반복해서 말입니다. 회복력이 있는 결혼은 정직과 존중, 헌신과 용서, 인내에 기초합니다. 그리고 사랑은 우리 안에 이 모든 요소가 자라고 번성할 수 있도록 끊임없이 도와줍니다.

오늘의 부부수업 과제는 당신의 끊임없는 사랑을 가장 강력하고 직접적인 말로 표현하는 것입니다. 당신 부부에게 어떤 결함이 있더라도 당신의 사랑은 더 커진다는 사실을 전달할 기회입니다. 상대방이 당신을 어떻게 대하든지, 그럼에도 불구하고 상대방을 사랑하기로 결단하십시오. 그동안은 배우자를 꾸준히 사랑으로 대하지 못했을지라도, 변덕스러운 사랑은 이제 끝입니다. 이 사람을 하나님이 당신에게 허락하신 특별한 선물로 받아들이고, 죽을 때까지 사랑하기로 약속하는 것입니다.

배우자에게 이렇게 고백하십시오. "우리의 과거와 상관없이, 우리가 저지른 수많은 실수와 상관없이, 나에 대한 당신의 감정과 상관없이, 나는 당신을 사랑하기로 결단합니다. 영원히."

사랑은 없어지지 않기 때문입니다.

오늘의 부부수업

개인기도 시간을 갖고, 헌신과 결심을 담은 편지를 써 보십시오. 죽을 때까지 이 결혼에 헌신한 이유와 무슨 일이 있더라도 배우자만을 사랑하기로 한 이유를 적어 보십시오. 다 쓴 다음에는 배우자의 눈에 잘 띄는 곳에 편지를 올려 두십시오.

☐ 오늘의 수업을 완수했으면 여기에 표시하십시오.

- 편지를 쓰면서 망설였던 부분은 무엇입니까?
- 이 편지에 상대방이 어떤 반응을 보일 것 같습니까?
- 편지를 쓰는 동안 하나님이 어떻게 도와주셨으며, 그 과정에서 당신이 자신에 대해 알게 된 점은 무엇입니까?

[주께서는] 기꺼이 한결같은 사랑을 베푸십니다. (미 7:18, 새번역)

"40일째를 향해 가면서, 요구 사항이 점점 더 많아졌습니다. 하지만 이제는 우리가 하나님과 가까워질수록, 그분이 우리를 서로에게 더 가까이 이끄시는 것을 압니다." _존

Day 40

사랑은 언약입니다

어머니께서 가시는 곳에 나도 가고 어머니께서 머무시는 곳에서
나도 머물겠나이다. 어머니의 백성이 나의 백성이 되고
어머니의 하나님이 나의 하나님이 되시리니.

룻 1:16

축하합니다. 마지막까지 잘 오셨군요. 그러나 배우자를 사랑하는 실천과 도전은 끝이 없습니다. 그 사랑은 평생 계속됩니다. 이 책은 40일에서 끝나지만, 사랑의 배움은 평생 끝나지 않습니다.

지금부터는 결혼 생활을 '계약 관계'가 아니라 '언약 관계'로 보기를 권합니다. 언뜻 보면 의미나 취지가 비슷한 단어 같지만, 실제로는 천지차이입니다. 결혼을 계약 관계로 보면 배우자에게 이렇게 말할 것입니다. "나를 위해 당신을 선택했으니, 어디 괜찮은지 한번 지켜봅시다." 하지만 언약 관계로 보는 사람들은 다르게 말할 것입니다. "저는 평생 당신과 우리 결혼 생활에 헌신할 준비가 되어 있습니다."

그밖에도 언약과 계약에는 많은 차이점이 있습니다. 대개 '계약'은 불신을 전제로 한 동의 사항을 기록한 것이어서, 계약이 깨지게 되는 조건과 그 결과들을 명시합니다. 반대로 '언약'은 신뢰를 바탕으로 한 구두 약속으로, 당신의 약속이 평생 무조건적이고 유효하다는 사실을 상대방에게 확인해 줍니다.

'계약'은 자기 이익을 추구하고 제한적으로 책임을 집니다. 언제까지 특정 요구 사항을 실행해야 한다는 시간제한을 둡니다. 하지만 '언약'은 다른 사람의 이익을 추구하고 무한정 책임을 집니다. 유효 기간이 따로 없습니다. 굳이 말하자면, '죽음이 우리를 갈라놓을 때까지'입니다. '계약'은 서로 동의하면 깰 수 있지만, '언약'은 절대로 깰 수 없습니다.

성경에 나오는 하나님 백성의 이야기 중에는 몇 가지 주요 언약이 등장합니다. 하나님은 노아와 언약을 맺으시고, 다시는 이 세상을 홍수로 멸하지 않겠다고 약속하셨습니다(창 9:12-17). 그분은 아브라함과도 언약을 맺으셔서, 아브라함의 혈통에서 열방이 나올 것이라고 약속하셨습니다(창 17:1-8). 하나님은 모세와의 언약에서, 이스라엘 백성이 하나님의 영원한 소유가 될 것이라고 선언하셨습니다(출 19:3-6). 다윗과 하신 언약에서는, 그의 왕위가 영원히 견고할 것이라고 약속하셨습니다(삼하 7:7-16). 궁극적으로 하나님은 그리스도의 보혈로 '새 언약'을 세우셔서, 그를 믿는 자들에게 죄 사함과 영생이라는 변함없는 유산을 남겨 주셨습니다(히 9:15). 하나님은 이 언약 중 어느 하나라도 깨뜨리신 적이 한 번도 없습니다.

결혼은 이 세상에서 가장 강력한 언약입니다. 두 사람이 무조건적인 사랑을 세우고 평생 그 사랑을 지켜 가겠다는 맹세입니다. 결혼반지는 결혼 서약을 상징하는데, 그냥 한번 지켜보겠다는 '바람'을 표현한 것이 아니라, 하나님과 수많은 증인 앞에서 공개적으로 서약하는 '의도적인 약속'의 표시입니다.

이 부분을 여러 번 읽으면, 당신 혼자서는 이 언약을 지킬 수 없다는 사실을 알게 될 것입니다. 하나님이 먼저 이스라엘 백성에게 언약을 제안하신 것에는 다 나름의 이유가 있습니다. 그분만이 약속을 지킬 능력이 있으시기 때문입니다. 상대방이 언약 내용을 지키지 못할 때, 그분만이 언약의 수혜자들을 용서하실 수 있습니다. 하지만 아들을 믿는 믿음을 통해 하나님의 영이 당신에게 내주하게 되었고, 구원을 통한 은혜가 주어졌습니다. 그러므로 이제 당신은 하나님의 도우심으로, 언약에 신실하지 못하도록 방해하는 어떤 문제가 생겨도 언약 지킴이의 역할을 다할 수 있습니다.

특히 배우자가 지금 당장은 당신의 사랑을 받을 형편이 아니라면, 언약을 지키는 행위가 날이 갈수록 더 힘겨워질지도 모릅니다. 하지만 결혼은 면책 조항과 예외 조항이 붙은 계약이 아닙니다. 결혼은 모든 퇴로를 차단하는 언약입니다. 이 세상에서 아무것도 하나님이 하나 되게 하신 것을 나눌 수 없습니다. 당신의 사랑은 언약에 기초해 있습니다.

선지자 말라기가 이 말씀을 기록한 지 수백 년이 흘렀지만, 사람들은 아직도 가정과 결혼에서 축복을 거두어 가시는 하나님의 뜻을 잘 이해하지 못합니다. "너희는 이르기를 어찌 됨이니이까 하는도다. 이는 너와 네가 어려서 맞이한 아내 사이에 여호와께서 증인이 되시기 때문이라. 그는 네 짝이요 너와 서약한 아내로되 네가 그에게 거짓을 행하였도다. … 이스라엘의 하나님 여호와가 이르노니 나는 이혼하는 것과 옷으로 학대를 가리는 자를 미워하노라. 만군의 여호와의 말이니라. 그러므로 너희 심령을 삼가 지켜 거짓을 행하지 말지니라"(말 2:14, 16).

모든 결혼은 이 땅에서 하나님과 교회의 거룩한 언약을 드러내라는 부르심을 받습니다. 결혼은 우리를 향한 하나님의 무조건적인 사랑을 이 세상에 드러내는 것입니다. "아버지께서 나를 사랑하신 것같이 나도 너희를 사랑하였으니 나의 사랑 안에 거하라"(요 15:9). 하나님의 말씀에 감동하여 당신도 배우자에게 하나님의 사랑을 표현하는 통로가 되기를 바랍니다.

이제는 하나님의 사람들이 신실하고 순종하는 마음으로 사랑의 언약을 새롭게 할 때입니다. 사랑은 너무 거룩한 보물이어서 함부로 다른 사람과 거래할 수 없고, 너무 강력한 결합이어서 웬만한 일에는 깨지지 않습니다. 격려하고 존중하라고 주님이 당신에게 허락하신 그 사람을 날마다 새롭게 사랑하십시오.

두 사람이 함께하는 인생이 당신 눈앞에 있습니다. 그 삶을 선택하고 절대로 놓지 마십시오. 감히 당신에게 도전합니다!

오늘의 부부수업

결혼 서약을 고쳐 써서 벽에 붙여 두십시오. 가능하다면, 목회자나 다른 가족들 앞에서 공식적으로 결혼 서약을 새롭게 선언하십시오. 하나님이 결혼을 얼마나 귀하게 생각하시는지, 배우자와 하나 되는 경험이 얼마나 아름다운지 생생하게 고백해 보십시오.

☐ 오늘의 수업을 완수했으면 여기에 표시하십시오.

- 이 책에서 하나님은 무엇을 가르쳐 주셨습니까?
- 결혼에 대한 관점이 어떻게 달라졌습니까?
- 하나님과 배우자에게 어떻게 헌신하게 되었습니까?
- 이 내용을 누구와 나눌 수 있습니까?

그분은 자기의 언약을 영원히 기억하십니다. (시 105:8, 쉬운성경)

"우리의 결혼은 더 이상 단순한 결혼이 아니라, 하나님과의 언약이 될 것입니다."_매리 베스

부록

부록1　마음을 인도하는 법
부록2　배우자에게 던지는 20가지 질문
부록3　함께 기도하는 법
부록4　효과적인 기도의 자물쇠와 열쇠
부록5　아내를 위해 기도하는 법
　　　　남편을 위해 기도하는 법
부록6　하나님과 화평하는 법
부록7　음란물을 극복하는 법
부록8　더 좋은 성관계를 맺는 7단계
부록9　기억해 두어야 할 말씀

마음을 인도하는 법

마음이란 무엇입니까?

정체성 마음이란 당신이 누구인지 말해 주는 가장 중요한 부분입니다. 존재의 핵심, 즉 '진짜 당신'이 있는 곳입니다. "사람의 마음도 사람을 드러내 보인다"(잠 27:19, 새번역). "그 마음의 생각이 어떠하면 그 위인도 그러한즉"(잠 23:7).

중심 심장이 몸의 중심에 위치하여, 생명을 주는 혈액을 온몸의 세포에 보내는 것처럼, '마음'(heart)은 오랜 세월 동안 한 사람의 사고, 신념, 가치관, 동기, 확신의 핵심적인 출발점을 묘사하는 말로 사용되었습니다.

본부 마음은 모든 작용을 지시하는 본부입니다. 그래서 삶의 모든 영역은 마음의 향방에 영향을 받습니다.

마음을 따르는 것이 어째서 잘못입니까?

마음은 어리석습니다 세상 사람들은 "마음 가는 대로 하라!"고 말합니다. 이것이 바로 자기계발 세미나, 감미로운 대중가요에 등장하는 철학입니다. 귀가 솔깃하면서도 고귀한 목적을 내세우기에, 이런 내용으로 얼마나 많은 음반과 책을 팔아치웠는지 모릅니다. 그렇지만 마음을 따르는 것이 문제가 되는 것은, 대개는 정말로 옳고 그른 것과는 상관없이 그 순간 옳게 여겨지는 것을 따르기 때문입니다. 올바른 논리와 조언이 뭐라 하건 신중과 양심 따위는 내던진 채, 변덕이 죽 끓듯 하는 마음과 욕구를 무작정 따르는 것입니다. 성경은 말합니다. "자기의 마음을 믿는 자는 미련한 자요, 지혜롭게 행하는 자는 구원을 얻을 자니라"(잠 28:26).

마음은 믿을 수 없습니다 사람들은 느낌이나 감정이 천박하고 변덕스러우며 믿을 만하지 않다는 사실을 잊어버립니다. 감정은 환경에 따라 요동치기 쉽습니다. 사람들은 마음 가는 대로 한답시고, 무책임하게 멀쩡한 직장을 내팽개칩니다. 즉흥적으로 경마에 빠져 평생 모은 돈을 날립니다. 이미 두 번이나 결혼한, 외모가 번듯한 동료에 홀려 조강지처를 버립니다. 하지만 달콤한 감정이 최고조일 때 올바른 판단이라 여겼던 결정은 몇 년 후에 씁쓸한 회환으로 돌아옵니다. 또한 이런 이기적인 철학은 수많은 이혼의 원인을 제공합니다. 이제는 더 이상 '사랑을 느끼지' 못하거나 '자신의 소울메이트를 찾아야 한다'고 생각하기 때문에 평생 헌신하겠다는 서약은 무효라는 것입니다.

마음은 부패합니다 우리 마음은 기본적으로 이기적이고 죄로 가득 차 있습니다. 성경은 "만물보다 거짓되고 심히 부패한 것은 마음이라. 누가 능히 이를 알리요마는"(렘 17:9)이라고 말합니다. 예수님도 "마음에서 나오는 것은 악한 생각과 살인과 간음과 음란과 도둑질과 거짓 증언과 비방이니"(마 15:19)라고 말씀하셨습니다. 하나님이 우리의 마음을 바꾸시지 않는 한, 우리는 계속해서 잘못된 선택을 할 것입니다.

과연 내 마음을 따라야 합니까?

솔로몬 왕은 "지혜자의 마음은 오른쪽에 있고, 우매자의 마음은 왼쪽에 있느니라"(전 10:2)라고 말했습니다. 마음은 당신을 조종하여 미움과 정욕과 폭력에 빠뜨릴 수 있는가 하면, 사랑과 진리와 친절로 인도할 수도 있습니다. 하나님과 동행하면 그분은 당신 마음에 꿈을 주시고 그것을 당신의 삶을 통해 이루십니다. 또한 하나님은 자기 영광을 위해 사용하기 원하시는 재주와 능력을 당신 마음에 심어 주실 것입니다(출 35:30-35). 즐겨 내려는 마음(고후 9:7)과 예배하려는 마음(엡 5:19)을 주실 것입니다. 하나님을 최우선 순위에 놓으면, 그분은 당신 마음에 들어오셔서 선한 욕구를 가득 채워 주실 것입니다. 성경은 "또 여호와를 기뻐하라. 그가 네 마음의 소원을 네게 이루어 주시리로다"(시 37:4)라고 말합니다. 우리 마음이 하나님을 섬기고 기뻐하는 일에 집중할 때, 유일하게 마음 가는 대로 하면서도 기분이 좋을 수 있습니다.

왜 마음을 따르는 것만으로는 부족합니까?

마음은 변덕이 심해서 전혀 신뢰할 만하지 못하므로, 성경은 '마음 가는 대로' 하는 것보다 훨씬 더 강력한 메시지를 전해 줍니다. 성경은 우리에게 마음을 인도하라고 가르칩니다. 마음의 상태와 방향에 전적으로 책임지는 것입니다. 당신이 마음 가는 곳을 통제하고 있다는 사실을 깨달으십시오. 하나님이 주신 능력을 힘입어 마음 가는 곳을 얼마든지 조절할 수 있습니다. 다음의 성경 본문은 모두 마음을 이끌어야 한다는 메시지를 전달합니다.

"네 마음으로 죄인의 형통을 부러워하지 말고." (잠 23:17)

"네 마음을 바른 길로 인도할지니라." (잠 23:19)

"내 아들아, 네 마음을 내게 주며 네 눈으로 내 길을 즐거워할지어다." (잠 23:26)

"그런즉 너희의 마음을 우리 하나님 여호와께 온전히 바쳐." (왕상 8:61)

"너희는 마음에 근심하지도 말고 두려워하지도 말라." (요 14:27)

"마음을 성결하게 하라." (약 4:8)

"마음을 굳건하게 하라." (약 5:8)

어떻게 하면 마음을 인도할 수 있습니까?

가장 먼저, 마음은 당신이 투자하는 대로 따라간다는 사실을 명심해야 합니다. 당신이 시간과 돈, 에너지를 어디에 투자하건 간에, 마음은 그리로 끌립니다. 이런 사실은 결혼 전에도 마찬가지였습니다. 연애편지를 쓰고, 선물을 사고, 함께 시간을 보내면서 당신의 마음은 그 사람에게 향했습니다. 그런데 더 이상 관계에 투자하지 않고 다른 데 마음을 쏟았기에, 당신은 엉뚱한 곳으로 이끌렸습니다. 오늘 배우자를 사랑하지 않는 까닭은, 어제 배우자에 대한 투자를 멈추었기 때문입니다.

마음을 점검하라 마음을 인도하는 가장 좋은 방법은 마음이 있는 곳을 항상 점검하는 것입니다. 바로 지금, 당신의 마음이 어디에 있는지 알고 있습니까? 지난달에 가장 시간을 많이 사용한 곳, 가장 돈을 많이 사용한 곳, 가장 많이 이야기한 대상을 살펴보십시오.

마음을 지키라 불건전한 것이 마음을 사로잡으려 할 때 유혹을 뿌리칠 책임은 당신에게 있습니다. 성경은 "모든 지킬 만한 것 중에 더욱 네 마음을 지키라. 생명의 근원이 이에서 남이니라"(잠 4:23)라고 말합니다. 당신 마음이 배우자나 가족보다 돈이나 직장을 앞세우지 않도록 하십시오. 당신 마음이 아름다운 다른 여성을 보고 정욕을 품게 하지 마십시오(잠 6:25). 성경은 "재물이 늘어도 거기에 마음을 두지 말지어다"(시 62:10)라고 말합니다.

마음을 두라 사도 바울은 이렇게 가르쳤습니다. "하늘에 있는 것에 마음을 두십시오. 그곳에는 그리스도께서 하나님 우편에 앉아 계십니다"(골 3:1, 쉬운성경). 마음이 있어야 할 곳을 확인하고 거기에 마음을 두어야 합니다. 당신은 이렇게 말할지도 모릅니다. "결혼 생활에 투자하고 싶은 생각이 별로 없어요. 차라리 다른 데 투자하고 말지요." 그 심정 이해합니다. 과거에는 가정에 마음을 두었지만, 이제는 "마음 가는 대로 하라"는 말에 혹합니다. 그러나 반드시 감정을 따를 필요는 없습니다. 정욕은 잘못되고 금지된 관계에 마음을 두는 것입니다. 하지만 당신은 잘못된 것에서 마음을 옮겨 올바른 기초 위에 둘 수 있습니다.

마음에 투자하라 옳은 일을 하고 싶은 기분이 들 때까지 기다리지 마십시오. 배우자에게 사랑을 느껴 부부 관계에 투자하고 싶어질 때까지 기다리지 마십시오. 결혼 생활에 전폭적으로 헌신하고, 마땅히 마음이 있어야 할 곳에 투자하십시오. 배우자와 시간을 함께 보내십시오. 선물을 사 주고, 편지를 쓰고, 데이트를 즐기십시오. 더 많이 투자할수록, 당신 마음은 부부 관계를 더 소중히 여길 것입니다. 40일 동안 당신의 마음을 인도하여 다시 배우자를 열렬히 사랑하게 하는 것, 이것이 바로 이 책의 목표입니다.

기도하라 당신의 마음을 바꾸어 달라고 기도하십시오. 마음을 살피시고(시 139:23-24), 시험하시며(시 26:2), 당신 속에 정한 마음을 창조해 달라고(시 51:10) 하나님께 간구하십시오. 그분의 진리에 마음을 열고(행 16:14) 그분의 사랑으로 마음을 채우십시오(롬 5:5). 그분만이 당신 존재의 근본에 있는 숨어 있는 면을 변화시키셔서 당신이 하는 모든 말과 행동을 도우실 수 있습니다. 하나님이야말로 당신의 마음 상태에 가장 큰 영향을 미칠 수 있는 분이십니다!

주께서 너희 마음을 인도하여
하나님의 사랑과
그리스도의 인내에
들어가게 하시기를 원하노라.
(고후 3:5)

배우자에게 던지는 20가지 질문

데이트 중에, 혹은 조용한 대화를 나누면서 아래 질문을 이용해 배우자의 마음을 더 많이 아는 기회로 삼으십시오. 궁금한 내용이 있으면 추가로 질문을 던지되, 전체적으로 긍정적인 분위기를 유지하십시오. 가능한 한 말을 줄이고 상대방의 이야기에 귀를 기울이십시오.

개인적인 질문

1 당신의 가장 큰 희망이나 꿈은 무엇입니까?
2 현재 당신 생활에서 가장 만족스러운 부분은 무엇입니까?
3 현재 당신 생활에서 가장 불만족스러운 부분은 무엇입니까?
4 당신이 뭐든지 할 수 있고 그에 적절한 보수를 받을 수 있다면, 가장 이상적인 직업은 무엇이라고 생각합니까?

5 늘 마음속에 품고 있었지만 해볼 기회가 없었던 일은 무엇입니까?

6 올해가 가기 전에 꼭 하고 싶은 일을 세 가지만 꼽아 본다면 무엇입니까?

7 누구와 함께 있을 때 가장 '안전하게' 느낍니까? 그 이유는 무엇입니까?

8 이 세상 누구와도 점심 식사를 할 수 있는 기회가 생긴다면, 어떤 사람을 만나고 싶습니까? 그 이유는 무엇입니까?

9 최근에 주체할 수 없을 정도로 기뻤던 적은 언제입니까?

10 당신 마음대로 사용할 수 있는 돈 1억 원이 생긴다면, 누구에게 주고 싶습니까?

결혼 생활과 관련된 질문

1 나의 행동 중에 당신이 정말 좋아하는 것 세 가지만 고른다면 무엇입니까?

2 나의 행동 중에 당신을 정말 화나게 만드는 것 세 가지만 고른다면 무엇입니까?

3 내가 과거에 했던 행동 중에 당신이 사랑받는다고 느끼게 한 것이 있다면 무엇입니까?

4 소홀히 대접을 받는다고 느끼게 한 행동이 있다면 무엇입니까?
5 내가 계속 해주었으면 하는 행동을 세 가지만 꼽는다면 무엇입니까?
6 다음의 내용 중에서, 당신은 어느 경우에 가장 사랑받는다고 느낍니까?

- 한 시간 동안 정성껏 마사지를 받는 것
- 한 시간 동안 당신이 좋아하는 주제로 대화하는 것
- 한나절 시간을 내서 집안일을 돕는 것
- 근사한 선물을 받는 것
- 당신이 얼마나 소중한 존재인지 격려의 말을 듣는 것

7 과거의 일 중에서 차라리 지워 버리고 싶은 기억이 있다면 무엇입니까?
8 하나님이 우리 두 사람이 함께 결정하기 원하시는 문제는 무엇이라고 생각합니까??
9 5년 후 당신의 인생은 어떤 모습이겠습니까?
10 당신이 내게서 더 자주 듣고 싶은 말이 있다면 무엇입니까?

상대방을 격려하고 경청하십시오. 이 시간이 다투거나 상대방을 비난하는 시간이 되지 않도록 주의하십시오. 배우자가 자신의 생각을 마음껏 표출할 수 있도록 배려하십시오.

함께 기도하는 법

기도를 계속하고 기도에 감사함으로 깨어 있으라. (골 4:2)

부부가 함께 기도하는 것은 말할 수 없는 유익을 주는 소중한 특권입니다. 하지만 많은 부부에게 있어서, 함께 기도하는 것은 무척 생소할 뿐더러 처음에는 두려운 일일 수도 있습니다. 대부분의 사람에게 기도는 교회에서, 식사 전이나 잠자기 전에, 병원 대기실에서 하는 일일 뿐입니다. 하지만 우리는 함께 기도하는 가운데 모든 필요와 염려를 그분께 아뢸 수 있는 특권을 매일 놓치고 있습니다.

부부가 함께하는 기도는 하루의 일과와 결정을 아뢸 뿐 아니라, 두려움이나 의심, 염려가 생길 때 즉시 찾아가는 안식처가 되어야 합니다.

- 어떤 위기가 생기더라도 공포에 사로잡히지 말고, 즉시 함께 기도해야 합니다. 국가의 재난이나 가족의 긴급 사항, 암 진단을 받은 친구 소식을 들으면, 서로 손을 잡고 긴급히 은혜의 보좌로 함께 나아가야 합니다.
- 좋은 소식을 들었을 때 함께 드리는 감사 기도는 하나님이 주신 축복에 영광을 돌리고, 그 공을 차지하려는 유혹을 물리치게 도와줍니다.

특별히 어렵고 위험한 상황이 아니더라도, 지금 당장 시작하십시오. 삶의 크고 작은 모든 일에서 기도가 당신의 자동 반응이 되게 하십시오. 처음에는 어떻게 기도해야 할지 잘 모를 수 있습니다. 그렇다고 염려할 필요는 없습니다. 중요한 것은, 하나님 앞에 겸손하고 정직하게 나아가 현재 상황을 아뢰고, 그분의 도움을 정식으로 요청하는 것입니다. 경건하게 들리는 표현으로 배우자에게 좋은 인상을 심어 주려고 애쓸 필요가 없습니다.

마태복음 6장 9-13절에 나오는 주님의 기도를 잘 활용하십시오. 주기도는 무의미하게 반복하는 주문이 아니라, 우리가 따라야 할 가이드입니다. 예수님은 그것이 기도의 '내용'이 아니라, 기도의 '방법'을 알려 준다고 말씀하셨습니다. 주기도에는 총 여섯 개의 간구가 들어 있습니다. 당신 부부는 하나님께 마음을 쏟아놓을 때 이 기도를 안내자로 활용할 수 있습니다.

기도는 다양한 형태를 띨 수 있습니다.

- 하나님이 당신에게 베푸신 선한 것들 중에 생각나는 게 있으면 감사하고, 그분의 놀라우심을 찬양하십시오.
- 당신이 저지른 죄를 회개하며 고백하고, 그분의 자비로우신 용서를 구하십시오.
- 당신에게 필요한 것을 구체적으로 하나님께 간구하십시오.
- 당신이 하나님의 사랑을 받고 있다고 말씀드리고, 그분을 향한 당신의 사랑을 말로 표현하십시오.
- 당신 앞에 놓인 크고 작은 결정들에서 지혜와 힘과 인도를 간절히 구하십시오.
- 그분께 항복하고 당신의 마음을 바꾸어 달라고 기도하십시오.
- 당신의 결혼 생활이 하나님을 기쁘시게 하는 도구가 될 수 있기를 간구하십시오.

무엇보다 가장 중요한 것은, "당신의 뜻이 이루어지이다"라고 기꺼이 고백할 수 있는 자리에 도달하는 것입니다. 그러고 나서, 그분이 당신 주변에서 강한 능력으로 역사하시고, 당신을 통해 영광을 받기 위해 사랑으로 역사하실 것을 기대하는 마음으로 하루를 시작하십시오.

　부록 4에서는 기도에서 중요한 '자물쇠'와 '열쇠'를 소개할 것입니다. 성경에 따르면, 이런 태도와 생활방식과 반응은 당신의 기도 체험을 방해할 수도 있고, 이전보다 훨씬 더 풍요롭게 해줄 수도 있을 것입니다.

효과적인 기도의 자물쇠와 열쇠

의인의 간구는 역사하는 힘이 큼이니라. (약 5:16)

자물쇠: 기도를 막는 열 가지

1. 예수님을 통해 나아가지 않는 기도
"예수께서 이르시되 내가 곧 길이요, 진리요, 생명이니, 나로 말미암지 않고는 아버지께로 올 자가 없느니라." (요 14: 6)

2. 회개하지 않는 마음으로 하는 기도
"내가 나의 마음에 죄악을 품었더라면 주께서 듣지 아니하시리라. 그러나 하나님이 실로 들으셨음이여, 내 기도 소리에 귀를 기울이셨도다." (시 66:18-19)

3. 남에게 보이기 위한 기도
"또 너희는 기도할 때에 외식하는 자와 같이 하지 말라. 그들은 사람에게 보이려고 회당과 큰 거리 어귀에 서서 기도하기를 좋아하느니라. 내가 진실로 너희에게 이르노니 그들은 자기 상을 이미 받았느니라." (마 6:5)

4. 내용 없는 말을 반복하는 기도
"또 기도할 때에 이방인과 같이 중언부언하지 말라. 그들은 말을 많이 하여야 들으실 줄 생각하느니라. 그러므로 그들을 본받지 말라. 구하기 전에 너희에게 있어야 할 것을 하나님 너희 아버지께서 아시느니라." (마 6:7-8)

5. 구하지 않은 기도
"너희가 얻지 못함은 구하지 아니하기 때문이요." (약 4:2)

6. 정욕으로 구하는 기도
"구하여도 받지 못함은 정욕으로 쓰려고 잘못 구하기 때문이라." (약 4:3)

7. 배우자를 홀대하며 드리는 기도
"남편들아, 이와 같이 지식을 따라 너희 아내와 동거하고 … 또 생명의 은혜를 함께 이어받을 자로 알아 귀히 여기라. 이는 너희 기도가 막히지 아니하게 하려 함이라." (벧전 3:7)

8. 가난한 자를 무시하며 드리는 기도
"귀를 막고 가난한 자가 부르짖는 소리를 듣지 아니하면, 자기가 부르짖을 때에도 들을 자가 없으리라." (잠 21:13)

9. 마음속에 누군가를 향한 쓴 뿌리를 품고 드리는 기도
"서서 기도할 때에 아무에게나 혐의가 있거든 용서하라. 그리하여야 하늘에 계신 너희 아버지께서도 너희 허물을 사하여 주시리라 하시니라." (막 11: 25-26)

10. 믿음 없이 드리는 기도
"오직 믿음으로 구하고 조금도 의심하지 말라. 의심하는 자는 마치 바람에 밀려 요동하는 바다 물결 같으니. 이런 사람은 무엇이든지 주께 얻기를 생각하지 말라. 두 마음을 품어 모든 일에 정함이 없는 자로다." (약 1:6-8)

열쇠: 효과적인 기도를 여는 열 가지

1. 구하고 찾고 두드리는 기도

"구하라, 그리하면 너희에게 주실 것이요. 찾으라, 그리하면 찾아낼 것이요. 문을 두드리라, 그리하면 너희에게 열릴 것이니, 구하는 이마다 받을 것이요, 찾는 이는 찾아낼 것이요, 두드리는 이에게는 열릴 것이니라. … 너희가 악한 자라도 좋은 것으로 자식에게 줄 줄 알거든, 하물며 하늘에 계신 너희 아버지께서 구하는 자에게 좋은 것으로 주시지 않겠느냐." (마 7:7-8, 11)

2. 믿음으로 하는 기도

"그러므로 내가 너희에게 말하노니 무엇이든지 기도하고 구하는 것은 받은 줄로 믿으라. 그리하면 너희에게 그대로 되리라." (막 11:24)

3. 은밀히 하는 기도

"너는 기도할 때에 네 골방에 들어가 문을 닫고 은밀한 중에 계신 네 아버지께 기도하라. 은밀한 중에 보시는 네 아버지께서 갚으시리라." (마 6:6)

4. 하나님의 뜻에 따른 기도

"그를 향하여 우리가 가진 바 담대함이 이것이니 그의 뜻대로 무엇을 구하면 들으심이라." (요일 5:14)

5. 예수님의 이름으로 하는 기도

"너희가 내 이름으로 무엇을 구하든지 내가 행하리니 이는 아버지로 하여금 아들로 말미암아 영광을 받으시게 하려 함이라. 내 이름으로 무엇이든지 내게 구하면 내가 행하리라." (요 14:13-14)

6. 다른 신자들과 합심하여 드리는 기도

"진실로 다시 너희에게 이르노니 너희 중의 두 사람이 땅에서 합심하여 무엇이든지 구하면 하늘에 계신 내 아버지께서 그들을 위하여 이루게 하시리라. 두세 사람이 내 이름으로 모인 곳에는 나도 그들 중에 있느니라." (마 18:19-20)

7. 금식 기도

"각 교회에서 장로들을 택하여 금식기도 하며 그들이 믿는 주께 그들을 위탁하고." (행 14:23)

8. 순종하는 삶에서 비롯된 기도

"사랑하는 자들아, 만일 우리 마음이 우리를 책망할 것이 없으면 하나님 앞에서 담대함을 얻고 무엇이든지 구하는 바를 그에게서 받나니 이는 우리가 그의 계명을 지키고 그 앞에서 기뻐하시는 것을 행함이라." (요일 3:21-22)

9. 그리스도와 그분 말씀에 거하면서 드리는 기도

"너희가 내 안에 거하고 내 말이 너희 안에 거하면 무엇이든지 원하는 대로 구하라. 그리하면 이루리라." (요 15:7)

10. 주님 안에서 기뻐하며 드리는 기도

"또 여호와를 기뻐하라. 그가 네 마음의 소원을 네게 이루어 주시리로다." (시 37:4)

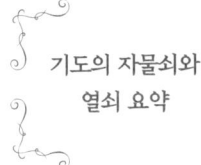

기도의 자물쇠와 열쇠 요약

1. 하나님과 올바른 관계에 있어야 한다.
2. 다른 사람들과 올바른 관계에 있어야 한다.
3. 당신의 마음이 바로잡혀 있어야 한다.

아내를 위해 기도하는 법

1 아내가 마음을 다하고 목숨을 다하고 뜻을 다하고 힘을 다하여 주님을 사랑할 수 있도록 (마 22:36-40)

2 그리스도 안에서 자신의 아름다움과 정체성을 찾고, 그분의 성품을 닮아 가도록 (벧전 3:1-3; 잠 31:30)

3 아내가 하나님의 말씀을 사랑하고, 그 말씀이 아내를 그리스도 닮은 사람으로 꽃피울 수 있도록 (엡 5:26)

4 자애롭고, 사랑 안에서 참된 것을 말하며, 뒷말을 하지 않도록 (엡 4:15, 29; 딤전 3:11)

5 주께 하듯 남편의 리더십을 존중하고 복종하도록 (엡 5:22-24; 고전 14:35)

6 감사하면서, 환경이 아니라 그리스도 안에서 만족을 얻도록 (빌 4:10-13)

7 예수님처럼 기쁨으로 다른 사람들을 환대하고 섬기도록 (빌 2:3-4)

8 살아 있는 동안 가족들에게 악이 아니라 선을 베풀도록 (잠 31:12; 고전 7:34)

9 거룩하고 연륜 있는 여성을 멘토로 삼아 더욱 성장하도록 (딛 2:3-4)

10 아내와 어머니로서의 역할을 깎아내리는 거짓말을 믿지 않도록 (딛 2:5)

11 사랑하고 인내하며 쉽게 상처를 주지 않고 빨리 용서하도록 (약 1:19; 엡 4:32)

12 남편에게서만 성적인 필요를 채움 받고, 남편의 성적인 필요를 채워 주도록 (고전 7:1-5)

13 기도에 헌신하고 다른 사람을 위해 효과적으로 중보하도록 (골 4:2; 눅 2:37)

14 아내가 가정과 자녀를 부지런히, 예수님처럼 돌보도록 (잠 31:27)

15 성품 때문에 비방을 당하거나 자신감을 잃지 않도록 (딤전 5:14)

남편을 위해 기도하는 법

1 남편이 마음을 다하고 목숨을 다하고 뜻을 다하고 힘을 다하여 주님을 사랑할 수 있도록 (마 22:36-40)
2 정직하게 행하며 약속을 지키고 책임을 완수하도록 (시 15편; 112:1-9)
3 조건 없이 아내를 사랑하고 아내에게 충실하도록 (엡 5:25-33; 고전 7:1-5)
4 사랑하고 인내하며 쉽게 상처를 주지 않고 빨리 용서하도록 (약 1:19; 엡 4:32)
5 주위가 분산되거나 수동성에 빠지지 않고, 책임을 다하도록 (느 6:1-14)
6 가족과 자녀의 필요를 성실하게 공급하는 근면한 노동자가 되도록 (잠 6:6-11; 딤전 5:8)
7 현명한 친구들을 곁에 두고 어리석은 친구들을 멀리하도록 (잠 13:20; 고전 15:33)
8 선한 판단을 내리고, 정의를 추구하며, 자비를 사랑하고, 겸손하게 하나님과 동행하도록 (미 6:8)

9 자신의 지혜와 능력보다 하나님의 지혜와 능력을 의지하도록 (잠 3:5-6; 약 1:5; 빌 2:13)

10 사람을 두려워하는 마음이 아니라, 하나님을 경외하는 마음으로 선택하도록 (시 34편; 잠 9:10; 29:25)

11 용기와 지혜, 확신을 겸비한 강력한 영적인 지도자가 되도록 (수 1:1-10; 24:15)

12 자신을 억누르는 모든 억압이나 나쁜 습관, 중독에서 벗어날 수 있도록 (요 8:31, 36; 롬 6:1-19)

13 일시적인 것들이 아니라, 하나님 안에서 자신의 정체성과 만족을 찾도록 (시 37:4; 요일 2:15-17)

14 하나님의 말씀을 읽고, 그 말씀을 따라 결정하도록 (시 119:105; 마 7:24-27)

15 하나님께 신실하고 다음 세대에 강력한 유산을 남기도록 (딤후 4:6-8; 요 17:4)

부록 6

하나님과 화평하는 법

이 책의 절반을 마칠 때까지만 해도, 당신과 하나님의 관계는 아직 확실하지 않았을 수도 있습니다. 하지만 이제는 당신을 향한 하나님의 사랑을 충분히 받고 체험했을 것입니다. 그리고 이 무한한 능력의 저장고를 힘입어 배우자를 사랑할 수 있을 것입니다.

성경은 이 초자연적인 현실을 이렇게 묘사합니다.

하나님은 인간이 그분을 기뻐하고 존중하도록 창조하셨습니다. 하지만 우리의 자존심과 이기심 때문에 모든 사람은 그 목적에 미치지 못하고 인생의 다양한 시기에 그분께 불순종했습니다. 모든 사람은 그분께 죄를 지었기에, 하나님이 각 사람에게 받아 마땅한 존중과 영광을 그분께 드리지 못했습니다(롬 3:23).

당신이 좋은 사람이라고 주장한다면, 과연 거짓말이나 속임수, 정욕, 도둑질, 권위에 대한 도전, 남을 미워하는 것으로 하나님의 영광을 가리지 않았는지 솔직히 자문해 보십시오. 하나님은 거룩하시기 때문에 모든 불법을 거부하셔야 합니다(마 13:41-43). 또한 완전하시기 때문에 그분께 죄를 지으면 벌을 받아야 합니다. 그렇지 않으면 공정한 판사가 되실 수 없는 것입니다(롬 2:5-8). 성경은 우리의 죄가 우리를 하나님과 갈라놓으며, "죄의 삯은 사망"(롬 6:23)이라고 말합니다. 이 죽음은 그저 몸의 죽음만이 아니라, 우리를 영원히 하나님과 갈라놓는 영적인 죽음도 가리킵니다.

대부분의 사람들이 깨닫지 못하는 것은, 우리가 어쩌다 하는 선행이 우리의 죄를 없애 주거나, 하나님 보시기에 깨끗하게 해주지 못한다는 것입니다. 그럴 수 있다면, 우리는 천국에 가는 방법을 스스로 획득하고 하나님의 정의를 무효화할 수 있었을 것입니다. 이것은 불가능한 일일 뿐 아니라, 하나님이 받으셔야 마땅한 영광을 부인하는 것입니다.

그런데 좋은 소식이 있습니다. 하나님은 공의로우실 뿐 아니라 사랑과 자비도 많으십니다. 그분은 우리가 용서받고 하나님을 알 수 있는 더 나은 길을 주셨습니다.

성경은 우리를 향한 그분의 사랑과 인애로 하나님이 독생자 예수 그리스도를 보내셨다고 말합니다. 예수님이 오셔서 우리 대신 죽으시고 피를 흘리셔서 우리 죗값을 치르셨습니다. 이렇게 해서 그분은 우리 죄에 대한 순전한 희생과 공정한 대가를 치르셨고, 우리가 받아야 할 심판을 대신 받으셨습니다. 예수님의 죽음은 하나님의 자비와 사랑을 완벽하게 구현하면서도, 하나님의 공의를 만족시켰습니다. 예수님이 죽으시고 사흘 후에, 하나님은 그분을 우리의 살아 계신 구세주로 일으키심으로 예수님이 하나님의 아들임을 증명하셨습니다(롬 1:4).

> 우리가 아직 죄인 되었을 때에 그리스도께서 우리를 위하여 죽으심으로 하나님께서 우리에 대한 자기의 사랑을 확증하셨느니라. (롬 5:8)

> 하나님이 세상을 이처럼 사랑하사 독생자를 주셨으니 이는 그를 믿는 자마다 멸망하지 않고 영생을 얻게 하려 하심이라. (요 3:16)

예수 그리스도의 죽음과 부활 때문에 우리는 용서받고 하나님과 화평할 수 있는 기회를 얻었습니다. 구원이 거저 주시는 선물이라는 사실은 일견 옳지 않아 보이지만, 성경은 하나님이 우리에게 구원을 선물로 주셔서 우리를 향한 그분의 은혜와 자비가 얼마나 풍성한지 보여 주기 원하셨다고 가르칩니다(엡 2:1-7). 이제 하나님은 모든 민족에게 회개하고 죄악된 생활에서 돌아서서 구원을 주시는 예수님을 겸손하게 신뢰하라고 명령하십니다. 그분의 주 되심과 다스리심에 우리 삶을 드리면, 용서를 받고 영생을 누릴 수 있습니다.

죄의 삯은 사망이요, 하나님의 은사는 그리스도 예수 우리 주 안에 있는 영생이니라. (롬 6:23)

네가 만일 네 입으로 예수를 주로 시인하며 또 하나님께서 그를 죽은 자 가운데서 살리신 것을 네 마음에 믿으면 구원을 받으리라. (롬 10:9)

수많은 사람이 자기 인생을 예수 그리스도께 내어드리고 하나님과 화평을 발견했습니다. 하지만 우리 각자는 자신을 위해 선택해야 합니다.

혹시 예수님께 당신의 삶을 드리지 못하도록 방해하는 것이 있습니까? 죄를 용서받고 하나님과 관계를 시작해야 한다는 필요를 이해한다면, 지금 당장 기도하고 예수 그리스도께 당신의 삶을 드리십시오. 당신의 실수를 정직하게 아뢰고, 그분의 용서가 필요하다는 현실을 하나님 앞에서 솔직하게 인정하십시오. 죄에서 돌이켜 예수님과 그분이 십자가에서 하신 일만을 신뢰하기로 결단하십시오. 그러고 나서 마음을 열고 그분을 당신 인생에 초대하십시오. 그분이 오셔서 당신을 채우시고, 당신의 마음을 바꾸시고, 다스리시게 하십시오. 어떻게 기도해야 할지 잘 모르겠다면, 아래 기도문을 활용해도 좋습니다.

주 예수님, 저는 주님께 죄를 지었고 하나님의 심판을 받아 마땅한 존재임을 압니다. 당신이 십자가에 죽으셔서 저의 죗값을 치르셨음을 믿습니다. 이제 죄에서 돌이키고 당신의 용서를 구합니다. 예수님, 당신을 제 인생의 주인으로 모십니다. 저를 바꿔 주시고, 당신을 위해 남은 삶을 살아갈 수 있도록 도와주세요. 제가 죽을 때 당신과 함께 천국에 거할 처소를 주셔서 감사합니다. 아멘.

진심으로 이렇게 기도하고 예수 그리스도께 인생을 드렸다면, 다른 사람에게도 당신의 결심에 대해 이야기하십시오. 그런 다음에는 당신의 영적인 여정에서 중요한 다음의 단계들을 밟아갈 필요가 있습니다.

첫째, 성경을 가르치는 교회를 찾아가서 그리스도의 명령에 순종하여 세례를 받고 싶다고 말해야 합니다. 이것은 당신이 공적으로 신앙을 표현하고, 다른 사람들에게 신앙을 나누고, 새로운 영적인 여정을 출발한다는 매우 중요한 표시입니다. 새 교회에 정착하여 정기적으로 출석하고, 예수 그리스도 안에서 다른 그리스도인들과 삶을 나누십시오. 그들이 당신을 격려해 주고, 위해서 기도해 주고, 당신의 성장을 도와줄 것입니다. 모든 사람에게는 교제와 책임 있는 관계가 필요합니다.

또한 당신이 이해할 수 있는 성경을 찾아서 날마다 조금씩 읽기 시작하십시오. 요한복음부터 시작해서 신약 성경 전체를 읽으십시오. 읽으면서 하나님께 그분을 사랑하고 동행하는 법을 가르쳐 달라고 기도하십시오. 기도 가운데 새로운 삶을 주신 하나님께 감사하고, 실패할 때는 죄를 고백하며, 필요한 것을 간구하십시오. 주님과 동행하는 동안, 하나님이 다른 사람들에게 당신의 믿음을 나누라고 주신 기회를 충분히 활용하십시오. 성경은 "너희 마음에 그리스도를 주로 삼아 거룩하게 하고 너희 속에 있는 소망에 관한 이유를 묻는 자에게는 대답할 것을 항상 준비하되"(벧전 3:15)라고 말합니다. 하나님을 알고, 그분이 나를 아시는 것보다 더 큰 기쁨이 있겠습니까! 하나님이 당신에게 복 주시기를!

음란물을 극복하는 법

사람이 감당할 시험밖에는 너희가 당한 것이 없나니, 오직 하나님은 미쁘사 너희가 감당하지 못할 시험 당함을 허락하지 아니하시고, 시험당할 즈음에 또한 피할 길을 내사 너희로 능히 감당하게 하시느니라. (고전 10:13)

　음란물은 우상입니다. 음란물은 정욕에 대한 중독을 낳습니다. 정욕에 중독된 사람은 자신의 몸과 마음, 돈과 시간, 순결을 오롯이 정욕에 바치게 됩니다. 정욕이 신이 되고 비정상적인 주인이 됩니다.

　하나님이 부부만이 누릴 수 있도록 성을 창조하셨을 때는 성의 즐거움을 결혼과 사랑, 친밀감, 평생의 헌신과 연결하셨습니다. 이것들은 성적인 관계를 의미 있게 만들고, 결혼 관계에서 부부의 연합을 강화시킵니다. 거룩한 결혼에서 성적인 즐거움은 사랑에 근거하고, 자유로이 공유되며, 그 소중한 의미와 여러 건전한 유익을 유지해 줍니다. 대가도, 수치심도, 죄책감도, 후회도 없습니다.

　음란물은 정반대입니다. 음란물은 결혼의 모든 목적에서 성적인 만족을 제거합니다. 성적인 흥분을 사랑과 결혼, 평생 헌신이라는 토대에서 분리시켜, 정욕과 허영심, 무책임, 죄와 충격적인 이미지라는 왜곡된 황홀감에 갖다 붙입니다. 성적인 즐거움은 하나님이 주신 보상이 아니라, 아무 목적이 없는 부당하고 부적절하며 불경하고 불법적인 쾌락으로 변질됩니다. 그것은 덫으로 유인하여 사람의 마음과 양심을 강간하는 성적인 코카인과 같습니다. 그 사람은 중독되고 무감각해지고 의기소침해집니다. 그는 자신이 사랑하는 사람들에 소홀해집니다. 유익한 것들을 즐기고 죄를 슬퍼하던 일을 그만둡니다. 그는 가책과 어두움, 더러움, 하나님과의 영적인 거리를 느끼고, 배우자와 정서적으로 멀어졌다고 느낍니다. 그뿐 아니라, 사탄에게 정죄와 거짓말, 비난으로 그를 괴롭힐 구실을 만들어 줍니다. 그는 첫출발 때보다 훨씬 더 악화됩니다.

모든 중독은 일시적으로 기분이 좋아지게 하는 아드레날린을 순간적으로 급등시키지만, 나중에는 처음보다 더 큰 불만족을 일으키는 깊은 공허함을 남깁니다. 이 때문에 음란물은 단기 흥분을 반복해서 뒤쫓으라고 요청합니다. 그 '황홀경'에 도달하면 이 구렁텅이에서 빠져나올 수 있다고 번번이 거짓말을 하는 것입니다. 하지만 정욕은 더 큰 정욕을 낳을 뿐입니다. 당신은 끝을 모르고 추락하는 악순환에 걸려듭니다.

음란물에 엄청난 욕구를 느낀 적이 있다면, 이 점을 명심하십시오. 음란물은 당신에게 가장 불필요한 것이며, 절대 만족을 줄 수 없습니다. 도망치십시오. 음란물은 값싼 정욕으로 진정한 사랑에 대한 갈증을 풀려는 안타까운 시도에 불과합니다. 사탄은 늘 당신이 정당한 필요를 부당한 방식으로 채우도록 유혹합니다. 당신이 정말로 목말라 하는 것은 당신 마음의 빈 곳을 채워 주실 수 있는 유일한 분, 하나님과의 친밀감입니다. 우리 안에 있는 정욕은 우리가 하늘 아버지가 주시는 사랑으로 만족하지 못했다는 사실을 드러내 줍니다(요일 2:15-17).

남녀 불문하고 수많은 사람이 말씀과 기도 가운데 날마다 그리스도와 친밀하게 순종하며 동행하는 법을 배워서 음란물 중독을 이겨 냈습니다. 예수님은 우물가의 여인에게 이렇게 말씀하셨습니다. "이 물을 마시는 자마다 다시 목마르려니와 내가 주는 물을 마시는 자는 영원히 목마르지 아니하리니 내가 주는 물은 그 속에서 영생하도록 솟아나는 샘물이 되리라"(요 4:13-14). 그분의 영은 음란물은 도저히 할 수 없는 수많은 방식으로 당신을 채우고 만족시키실 수 있습니다. 그러니 용기를 내서 음란물에 맞서십시오. 그것은 도덕적인 쓰레기이자 거짓의 웅덩이입니다. 음란물의 특징은 다음과 같습니다.

- 거짓을 말한다 성적인 쾌락이 다른 어떤 것보다 훨씬 더 중요하다

고 말합니다.
- **훔친다** 당신에게서 결혼 생활의 친밀함과 존중, 침소의 순전한 즐거움을 앗아 갑니다.
- **오염시킨다** 생각을 거칠게 만들고, 양심을 무디게 만들며, 생각을 어둡게 만듭니다.
- **하찮게 여긴다** 하나님의 형상대로 창조된 사람들을 창녀 곧 정욕의 성적인 대상으로 전락시킵니다.
- **종으로 삼는다** 자기 자신을 충동을 다스리거나 억제할 수 없는 무능한 존재로 여기게 만듭니다.

음란물을 보고 역겨움을 느껴야 마땅합니다. 정욕이 하는 일에 대해 언급하는 다음의 성경 구절을 찾아서 연구해 보십시오. 정욕은 마음에서 말씀을 몰아냅니다(막 4:19). 자신을 망가뜨리고 마음을 타락하게 만듭니다(롬 1:24). 내면의 고통과 불편한 관계를 불러옵니다(약 4:1). 끊임없는 좌절과 염려, 불만족 상태를 일으킵니다(약 4:2). 인생에서 가장 중요한 것을 보지 못하게 만듭니다(요일 2:16-17). 하나님의 심판과 형벌을 가져옵니다(고전 10:1-6). 이런 진리와 엄중한 경고를 염두에 두고, 당신은 하나님 앞에서 온전히 정직하고 순결하게, 회개하고 승리하며 행하기로 결단해야 합니다(요일 1:7). 성경은 다음과 같은 방식을 통해 우리가 어떻게 하면 자유로이 행할 수 있는지 보여 줍니다.

- 더 이상 정욕이 당신을 다스리지 못하게 하라. (롬 6:12)
- 당신의 인생에서 정욕을 완전히 제거하라. (엡 4:22)
- 위의 것에 마음을 두라. (골 3:1-5)
- 이제 당신은 그리스도의 소유임을 기억하라. (갈 5:24)
- 하나님의 은혜로 정욕의 요구 사항과 속임수에 "아니오!"라고 말할 수 있음을 잊지 말라. (딛 2:12)
- 정욕이 다시 당신을 끌고 가려 할 때는 도망쳐라. (딤후 2:22)
- 죄를 짓느니 차라리 예수님처럼 고난을 받으라. (벧전 4:1-2)
- 성령이 당신을 채워 주시고, 능력을 주시고, 저항할 수 있도록 도우심을 믿으라. (갈 5:16-25)
- 당신의 필요를 채워 주시고 당신을 떠나지 않으신다는 하나님의 약속을 믿음으로 음란물에서 벗어나라. (벧후 1:4)

하나님은 당신이 온전히 행복하고 성공할 수 있도록 당신의 모든 필요를 공급하셨습니다(벧후 1:3-4). 그분의 계획에는 당신이 음란물 없이 사는 것도 포함됩니다. 과거에 당신이 음란물의 노예였다면, 그것이 당신을 어떻게 형편없는 사람으로 만드는지 잘 알 것입니다. 하나님은 당신이 배우자 이외에 다른 사람의 벗은 몸을 보는 것을 원치 않으십니다. 인간의 의지력만으로는 부족합니다. 당신에게는 하나님의 은혜가 필요합니다.

당신이 음란물에 중독되어 있다면, 하나님과 당신을 영적으로 책임져 줄 수 있는 다른 사람에게 고백하십시오(약 5:16). 하나님의 말씀(고전 10:13; 벧후 1:3-4; 딤후 2:22; 빌 4:6-8; 딛 2:12)을 암송하여 유혹에 맞서 싸우는 데 활용하는 것부터 시작하십시오. 날마다 하나님의 말씀을 양껏 취하십시오. 그분만이 만족의 근원이십니다(약 1:17). 당신을 넘어지게 하는 것들을 과감히 제거하십시오(마 18:9). 전쟁 같은 시간에는, 그런 생각에서 멀어질 수 있도록 중보 기도에 초점을 맞추십시오(엡 6:17-18). 신실한 친구들과 서로 책임져 주는 관계를 맺고, 그리스도 안에서 늘 승리하십시오!

부록 8

더 좋은 성관계를 맺는 7단계

성관계의 만족도는 당신의 신체보다는 마음과 생각, 영의 상태에 대해 더 많이 말해 줍니다. 우리는 성관계를 맺을 때 정서적으로, 영적으로, 관계적으로 준비되어 있지 않은 경우가 너무 많습니다. 그러면서 왜 성관계가 전혀 만족스럽지 못한지 궁금해합니다. 성관계는 당신의 헌신과 사랑, 친밀감의 강도에 근거하기 때문에 신체적인 연합 이전에 이 세 요소를 바르게 하는 것이 중요합니다. 부부가 하나님께 완전히 복종하고, 서로 온전히 알고 사랑하며, 자신을 상대에게 온전히 줄 때 부부의 친밀감과 성관계는 새로운 차원의 즐거움을 누리게 됩니다. 또한 이 모든 과정은 하나님을 크게 영화롭게 합니다.

잊지 마십시오. 친밀감이라는 개념은 자신을 온전히 보여 주고 온전히 사랑받는다는 뜻입니다. 그러려면 두 사람 모두 먼저 상대에게 솔직하고 약한 모습을 드러내야 합니다. 그런 후에야 상호간의 사랑과 헌신을 온전히 받아들이고 확인할 수 있습니다. 결혼 생활에서 하나님이 주신 이런 복을 경험하고, 당신의 성생활을 더 높은 차원으로 인도하도록 돕는 일곱 단계를 소개합니다. 한 단계씩 통과하다 보면, 부부의 친밀감이 더욱 깊어질 것입니다.

1. **마음은 믿을 수 없습니다** 마음이나 양심에 부담을 주는 것은 무엇이든 해결해야 합니다. 함께 짧게 기도하는 시간을 갖거나, 하나님과의 관계를 바로잡아서, 죄책감이 두 사람을 망가뜨리거나 억누르지 않게 하십시오. 당신의 삶을 다스리시는 하나님에게 다시금 헌신하십시오.

2. **쓴 뿌리를 없애라** 해결하지 못한 분노는 사랑의 불에 찬물을 끼얹었습니다. 그러므로 하나님과의 관계를 바로잡았으면, 상대방과의 관계도 바로잡아서 부부 사이에 아무런 쓴 뿌리가 자라지 않게 해야 합니다. 그러기 위해서는 때로 이런 질문을 던지는 것이 좋습니다. "나 때문에 상처받거나 화가 났나요? 우리 사이에 무슨 문제가 있나요? 어떤 식으로든 내가 당신에게 잘못해 놓고 바로잡지 못한 게 있나요?" 부부 사이를 가로막는 잘못이 있을 때는 두 사람 다 진심으로 사과하고 서로 완전히 용서해야 합니다(엡 4:32). 이것은 진정한 하나 됨과 부부가 바라는 연합에서 매우 중요합니다.

3. 스트레스를 제거하라 스트레스와 걱정은 생각을 분산시키고 마음을 짓누릅니다. 서로를 위해, 당신이 염려하거나 스트레스를 받는 문제를 두고 기도하십시오. 하나님이 당신의 상황에 개입해 주시기를 기도하십시오. 결혼 생활의 미래를 위해, 하나님이 배우자를 보호하시고, 복 주시고, 힘 주시기를 간구하십시오. 하나님은 기도를 통해 우리 마음을 차분하게 하시고, 정서적인 평안을 주시며, 부부의 마음을 하나로 엮어 주십니다.

4. 하나님의 사랑을 채우라 기도할 때 하나님이 주신 사랑에 감사드리고, 당신이 사람들 사이에서 하나님의 사랑을 나타내는 통로가 되게 해달라고 간구하십시오. 하나님이 성령을 당신에게 채워 주셔서, 그분의 사랑과 기쁨과 평안을 마음에 부어 주시기를 간구하십시오. 그리고 당신을 통해 그 사랑과 기쁨과 평안이 다른 사람들에게 흘러갈 수 있기를 기도하십시오(롬 5:5; 갈 5:22).

5. 넘치게 감사하라 감사할 줄 모르고 자기만 알면, 성적인 친밀감은 물론이고 삶의 모든 영역에서 만족도가 크게 떨어집니다. 감사할 줄 모르는 마음은 무슨 일에서든 기쁨을 빼앗아 가고, 칭찬받고 격려받기보다는 이용당하고 무시당한다는 느낌이 들게 합니다(잠 23:6-8). 감사는 배우자의 긍정적인 면에 초점을 맞추고, 당신의 마

음 가운데 배우자의 무한한 가치를 끌어올릴 수 있는 방법입니다. 그러니 배우자가 최근에 당신을 위해 해준 일(무슨 일이든)에 대해 감사하고, 배우자도 당신이 해준 일에 대해 감사하는 시간을 갖도록 하십시오. 부부가 서로의 삶에 기여하는 바를 감사하고 존중하십시오.

6. **칭찬을 아끼지 말라** 다음으로, 배우자를 향한 사랑과 장기적인 헌신을 말로 확인해 주십시오. 각자에게 가장 존경하고 칭찬할 만한 부분, 매우 특별한 상대방에게서 계속 매력을 느끼는 성품과 개성을 언급하며 서로 격려하십시오. 말로 서로 애정을 표현하고, 배우자가 당신에게 해주는 사랑과 헌신의 말을 잘 받으십시오. 성경은 "선한 말은 꿀송이 같아서 마음에 달고 뼈에 양약이 되느니라"(잠 16:26)라고 말합니다.

7. **상대를 배려하라** 부부의 하나 됨과 배우자를 선물로 주신 하나님께 감사하십시오. 당신이 배우자로 인해 즐거워하고 서로 친밀한 한 몸이 될 때, 두 사람은 자신보다 상대의 필요와 욕구를 만족시키는 데 온전히 집중해야 합니다. 이타적인 사랑 안에서 부부의 사랑이 하나가 되게 하십시오. 그러면 두 사람의 연합으로 주님을 예배할 수 있습니다!

내 누이, 내 신부야,
내가 내 동산에 들어와서
나의 몰약과 향 재료를 거두고
나의 꿀송이와 꿀을 먹고
내 포도주와 내 우유를 마셨으니
나의 친구들아 먹으라!
나의 사랑하는 사람들아 많이 마시라. (아 5:1)

부록 9

기억해 두어야 할 말씀

다음의 내용이 하나님 말씀에 올바르게 접근하는 데 도움이 되기를 바랍니다.

성경은 하나님의 말씀입니다.

말씀은 거룩하고, 오류가 없으며, 믿을 만합니다. (잠 30:5-6; 요 17:17; 시 119:89)

말씀은 교훈과 책망과 바르게 함과 의로 교육하기에 유익합니다. (딤후 3:16)

말씀은 온전하게 하며 모든 선한 일을 행할 능력을 갖추게 합니다. (딤후 3:17)

말씀은 내 발에 등이요, 내 길에 빛입니다. (시 119:105)

말씀은 나를 원수보다 지혜롭게 합니다. (시 119:97-100)

말씀은 인생의 폭풍우 속에서 안정감을 줍니다. (마 7:24-27)

말씀의 진리를 믿으면, 자유롭게 됩니다. (요 8:32)

내 마음에 말씀을 두면 유혹을 당할 때도 나를 보호해 줍니다. (시 119:11)

말씀에 거하면, 참 제자가 됩니다. (요 8:31)

말씀을 묵상하면, 성공할 것입니다. (수 1:8)

말씀을 지키면 상을 받고 사랑이 온전해집니다. (시 19:7-11; 요일 2:5)

성경은 사랑 있고 활력 있으며 예리한 하나님의 말씀입니다. (히 4:12)

하나님의 말씀은 성령의 검입니다. (엡 6:17)

말씀은 꿀보다 달고 순금보다 사모할 만합니다. (시 19:10)

말씀은 파괴할 수 없고 영원히 하늘에 굳게 섰습니다. (고후 13:7-8; 시 119:89)

말씀은 거짓이 없는 진리입니다. (요 17:17; 딛 1:2)

말씀은 하나님에 관한 진리입니다. (롬 3:4; 16:25, 27; 골 1장)

말씀은 인간에 관한 진리입니다. (렘 17:9; 시 8:4-6)

말씀은 죄에 관한 진리입니다. (롬 3:23)

말씀은 구원에 관한 진리입니다. (행 4:12; 롬 10:9)

말씀은 천국과 지옥에 관한 진리입니다. (계 21:8; 시 119:89)

주님, 내 눈을 열어 진리를 보게 하시고
내 귀를 열어 진리를 듣게 하소서.
내 마음 열어 믿음으로 진리를 받게 하소서.
내 생각을 새롭게 하사 소망 가운데 진리를 지키게 하소서.
내 뜻을 복종시켜 사랑으로 진리 따라 살게 하소서.

진리를 들으면 책임이 있다는 사실을 알게 하시고
진리로 하신 말씀에 순종하고자 하는 마음을 주소서.
내 삶을 변화하사 진리를 알게 하시고
진리를 나누고자 하는 부담을 내 마음에 주소서.

주여, 지금 말씀하소서.
당신의 뜻을 알고 따르고자 하는 열망을 주소서.
그 이상도, 그 이하도, 다른 아무것도 원치 않습니다.

Copyright ⓒ 2008 by Michael Catt, Stephen Kendrick, and Alex Kendrick
All Rights Reserved

하나님의 부부수업
부부, 사랑을 배우다

1판 1쇄	2018년 11월 5일
1판 5쇄	2025년 3월 5일

지은이	알렉스 켄드릭, 스티븐 켄드릭
옮긴이	이지혜
대표	조애신
책임편집	이소연
디자인	임은미
마케팅	전필영
경영지원	전두표

발행처	도서출판 토기장이
주소	서울시 마포구 동교로 71-1 2F
출판등록	1998년 5월 29일 제1998-000070호
전화	02-3143-0400
팩스	0505-300-0646
이메일	tletter77@naver.com
인스타그램	togijangi_books_

ISBN	978-89-7782-402-7

- 이 책은 저작권 법에 따라 보호를 받는 저작물이므로 무단 전재와 무단 복제를 금합니다.
- 이 책의 전부 또는 일부를 이용하려면 반드시 저자와 도서출판 토기장이의 동의를 받아야 합니다.

도서출판 토기장이는 생명 있는 책만 만듭니다.
"우리는 진흙이요 주는 토기장이시니 우리는 다 주의 손으로 지으신 것이니이다" (이사야 64:8)